"Die Musik ist nicht in den Noten".
- Wolfgang Amadeus Mozart

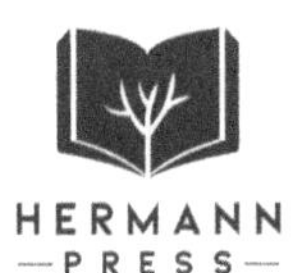

HERMANN
—PRESS—

Dieses Buch präsentiert klassische Partituren aus dem öffentlichen Bereich, die von Damian Hermann sorgfältig bearbeitet wurden, um den Originalkompositionen so nahe wie möglich zu kommen.

Unser Ziel ist es, unseren Lesern ein authentisches Spielerlebnis und ein originalgetreues Musikmanuscript zu bieten.

Veröffentlicht von

www.HermannPress.com

WILKOMMEN

Zu:

PIANO NOTEN
Der mittleren Spielstufe

Entdecken Sie, wie Sie berühmte Klavierstücke mit unserer bewährten Lernmethode Schritt-für-Schritt erfolgreich meistern können.

Die Lieder begleiten Sie durch die zeitlosen Epochen der Klassik und Romantik.

Lernen Sie von Meisterwerken wie Beethovens „Mondscheinsonate" und Chopins „Nocturne", die Ihnen helfen, Ihr Spiel auf das nächste Level zu bringen.

Viel Erfolg auf Ihrer Reise mit unserer sorgfältig ausgewählten Sammlung und...

SPIELE AUF DEINE WEISE

Inhaltsverzeichnis

Audio-
datei

EINFÜHRUNG

Jedes Lied in diesem Buch bietet drei Versionen. Die erste Version ist die Originalpartitur. Diese wird in der zweiten Version mit Fingernummern vereinfacht und im letzten Schritt ergänzt mit Buchstaben & Nummern für alle Noten.

THEORIE: NOTEN & NOTENSYSTEM

Der Violinschlüssel zeigt dir, dass die Note um den Kringel herum ein 'G' ist. Die Note zwischen den Punkten im Bassschlüssel ist ein 'F'. Die Noten haben die gleiche Anordnung, aber die Reihenfolge im Notenschlüssel ist unterschiedlich.

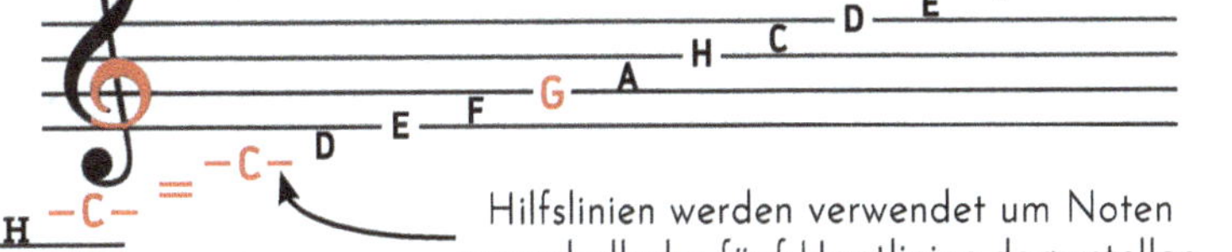

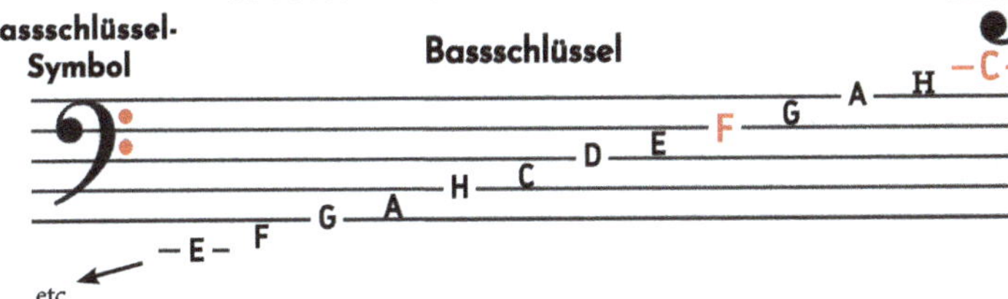

Hilfslinien werden verwendet um Noten ausserhalb der fünf Haptlinien darzustellen.

Das eingestrichene C (Mittel C) liegt oberhalb des Bassschlüssels und unterhalb des Violinschlüssels; daher decken diese beiden Notenschlüssel zusammen einen grossen Teil de Tonumfangs der meisten Instrumente ab.

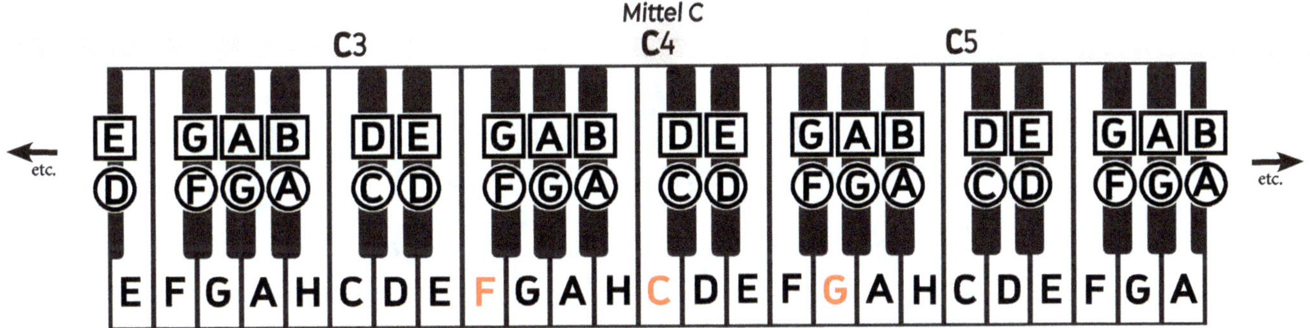

WIE UNTEN GEZEIGT HAT JEDER FINGER EINE NUMMER, DAS IST IMMER SO.

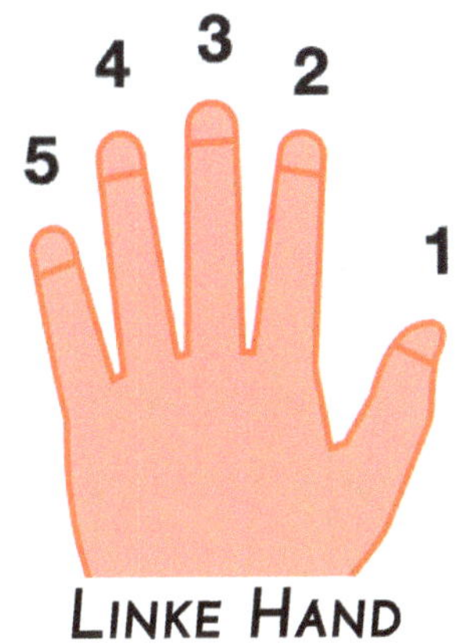

Natürliche Noten	Kreuz-Noten #	B-Noten ♭
C	Cis	Ces
D	Dis	Des
E	Eis	Es
F	Fis	Fes
G	Gis	Ges
A	Ais	As
H	His	B

NOTEN

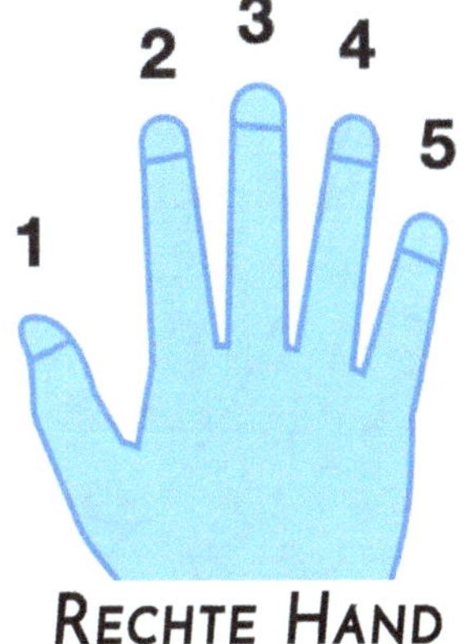

BLAUE Buchstaben/Nummern mit der rechten Hand spielen.
ROTE Buchstaben/Nummern mit der linken Hand spielen.

QUINTENZIRKEL

Der Quintenzirkel zeigt in einer grafischen Weise die Beziehungen zwischen den 12 Dur- und Molltonarten. Zu <u>jeder Durtonart gibt es eine entsprechende verwandte Molltonart</u>. Nach rechts fügt jeder Schritt ein Kreuz hinzu, was bedeutet, dass jede folgende Tonart um eine *Quinte höher* liegt. Nach links fügt jeder Schritt ein B hinzu, wodurch jede folgende Tonart um eine *Quarte niedriger* liegt. Diese Dur- und Molltonarten teilen <u>denselben Satz von Noten</u> miteinander, nur in einer anderen Reihenfolge.

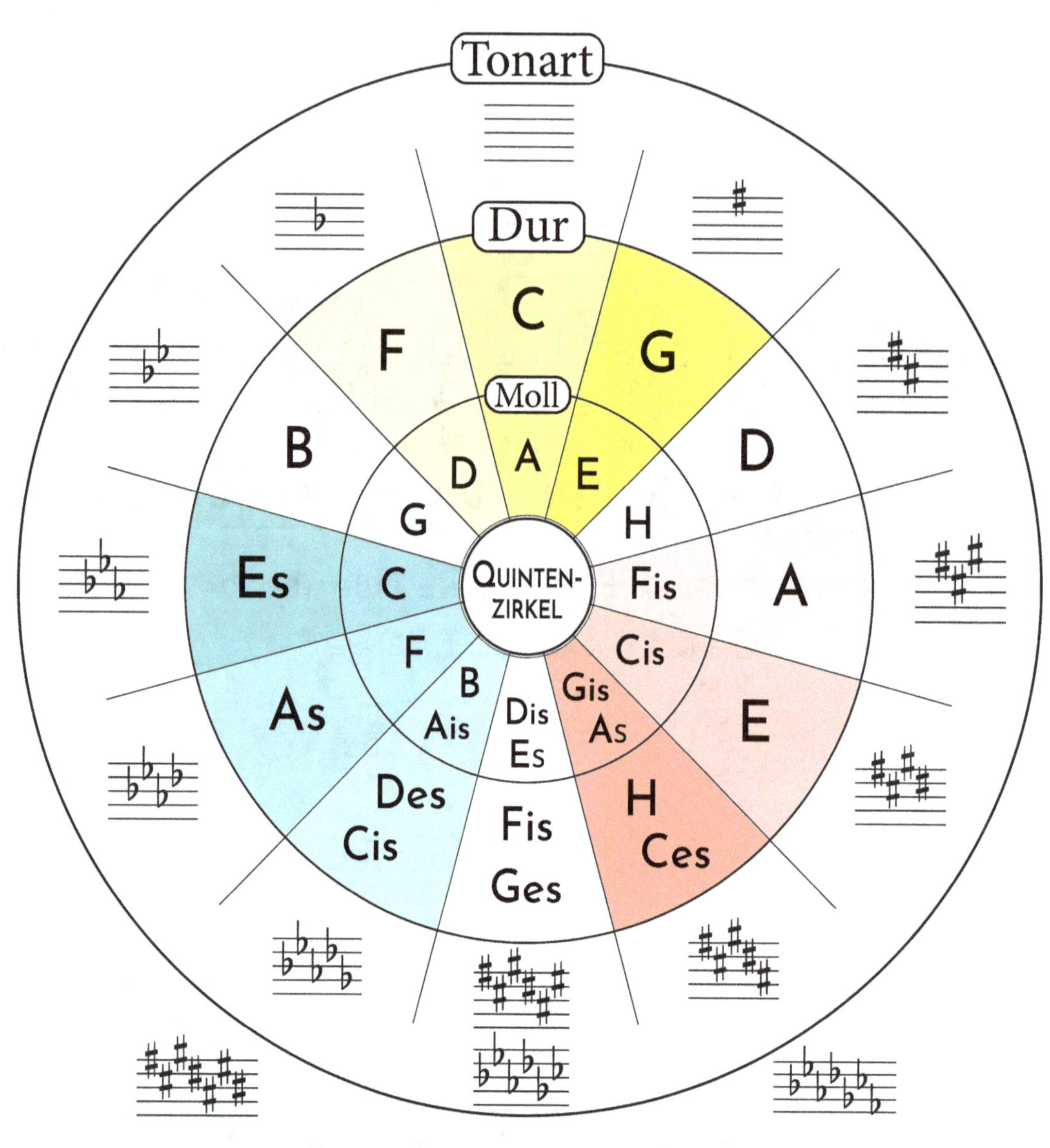

<u>REIHENFOLGE IN DER BS ZUR TONART HINZUGEFÜGT WERDEN</u>

B (B♭), **Es** (E♭), **As** (A♭), **Des** (D♭), **Ges** (G♭), **Ces** (C♭), **Fes** (F♭)

<u>REIHENFOLGE IN DER KREUZE ZUR TONART HINZUGEFÜGT WERDEN</u>

Fis (F#), **Cis** (C#), **Gis** (G#), **Dis** (D#), **Ais** (A#), **Eis** (E#), **His** (B#)

THE ENTERTAINER

SCOTT JOPLIN (1868 - 1917)

Komponiert in C-Dur (Abschnitte in F-Dur)

GRUNDTHEORIE: NOTEN & SCHLÜSSEL (VORBEREITUNG AUF DAS STÜCK)

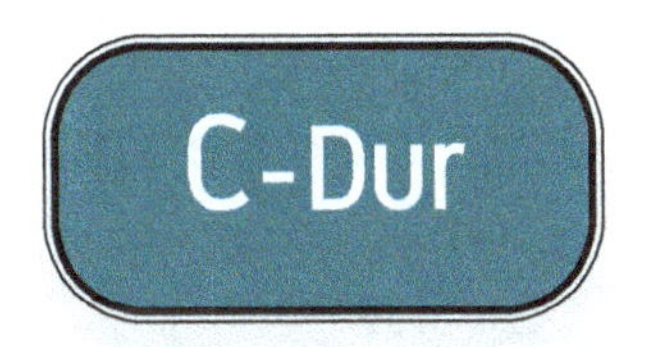

Noten der Tonleiter:

C, D, E, F, G, A, H

Paralleltonart:

A-Moll

Tonart:

Kein B / Kein Kreuz

Link zur Audiodatei:
https://drive.google.com/file/d/1CdcgQ2Bo
fUC9U6lDB1nrv_EbKl-AMfzg/view

Spiele die Tonleiter mit der RECHTEN HAND (2 OKTAVEN). Achte auf VORZEICHEN (Tonart).

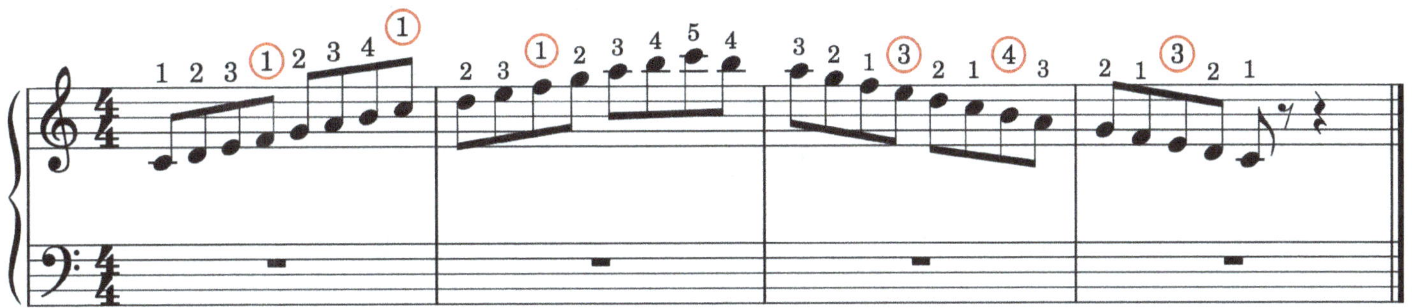

Spiele die Tonleiter mit der LINKEN HAND (2 OKTAVEN). Achte auf VORZEICHEN (Tonart).

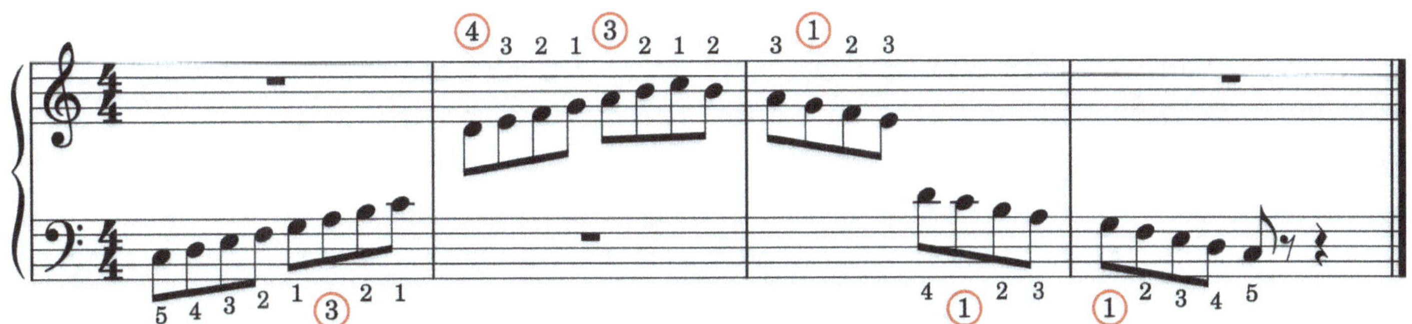

Übe Akkorde & Umkehrungen (BEIDE HÄNDE) 1. & 2. Umkehrung: Grundton 'E' & Grundton 'G'.

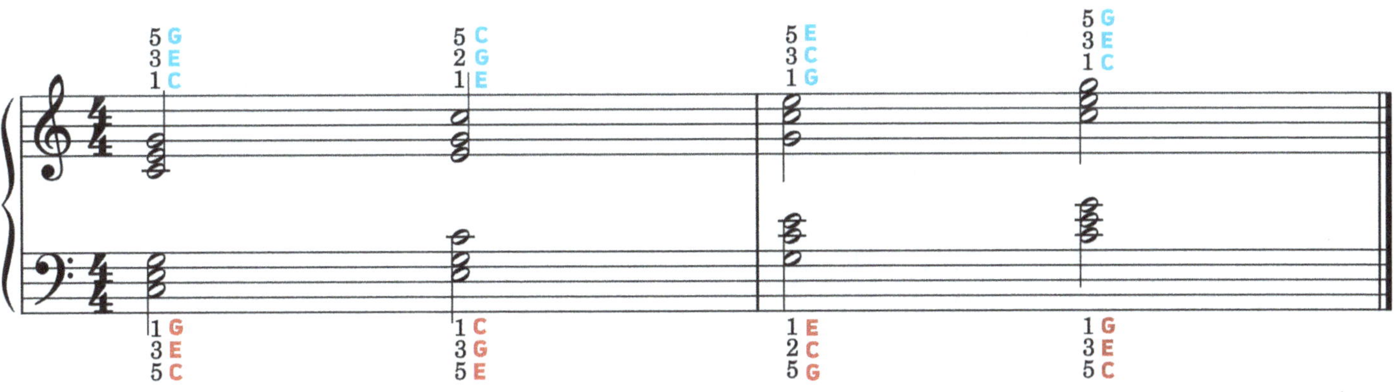

ÜBUNGSTIPPS

Scott Joplin komponierte „The Entertainer" im Jahr 1902. Es ist eines der bekanntesten Ragtime-Stücke, bekannt für seine lebhafte, spielerische Melodie. Das Spielen dieses Stücks kann Pianisten helfen, ihr Timing und ihre Fingerfertigkeit zu verbessern. Es ist eine spaßige Art, Technik zu verbessern und den lebhaften Stil der frühen amerikanischen Musik zu entdecken.

Die folgenden Tipps werden Ihnen helfen, zu üben und besser zu werden.

1. LANGSAM BEGINNEN

Es ist sehr wichtig jede Note korrekt zu spielen und in einem langsamen Tempo zu beginnen. Somit bauen Sie das notwenige Muskelgedächtnis der Finger auf.

2. FINGER NUMMERIERUNG

Achten Sie besonders auf die Fingernummern. Denken Sie daran das die flüssige Bewegung und Platzierung der Finger und Hände wichtig sind um flüssig zu spielen.

3. NENNEN ODER SINGEN

Noten laut auszusprechen oder zu singen beim Üben kann Ihnen helfen die Position der Töne auf dem Klavier und im Notensystem besser im Gedächtnis zu behalten.

4. HERUNTERBRECHEN

Fokusieren Sie sich auf kleine Sektionen (Sätze) des lernenden Stückes und verbinden Sie kleine Teile zu dem ganzen. Das korrekte Spielen einzelner Sätze gibt Ihnen Sicherheit und Motivation um korrekt zu spielen.

5. GETRENNT DANN ZUSAMMEN

Es ist hilfreich an jeder Hand einzeln zu arbeiten um sich auf die spezifischen Schwierigkeiten zu konzentrieren. Wenn die Hänsde einzeln beherrscht und Sie sich bereit fühlen dann beginnen Sie mit beiden Händen zu spielen.

6. SICH SELBST AUFNEHMEN

Dokumentieren Sie ihre Übungseinheiten, um zu sehen, woran Sie arbeiten müssen und wie Sie sich im Laufe der Zeit verbessern.

7. AUF DEN RYTHMUS ACHTEN

Ein Metronom kann sehr hilfreich sein. Stellen Sie die Geschwindigkeit zunächst auf ein niedriges Niveau ein und mit der Gewöhnung an dies erhöhen Sie das Tempo dann langsam .

8. REGELMÄSSIGES ÜBEN

Konsequentes Üben ist wichtig und der Schlüssel zum Erfolg. Tägliche kurze Übungseinheiten sind besser als seltene lange. Es gilt das gelernte zu verarbeiten in der Pausezeit. Fortschritt und Festigung in der Spielzeit.

9. FINGERWECHSEL BEDENKEN

Komponisten fügen diese Nummern in den originalen Noten hinzu als Hilfe hinzu für glattere Übergänge ein flüssiges Spielen. Denken Sie daran schwierige Passagen durch Optimieren von Fingern zu erleichtern.

10. NOTEN LESEN

Üben Sie das Lesen der Originalpartitur. Bei Unsicherheiten greifen Sie auf die Hilfsversionen zurück. Noten lesen hilft Ihnen, ein besserer Musiker zu werden, mehr Lieder zu lernen und das Anfängerniveau zu überwinden.

The Entertainer

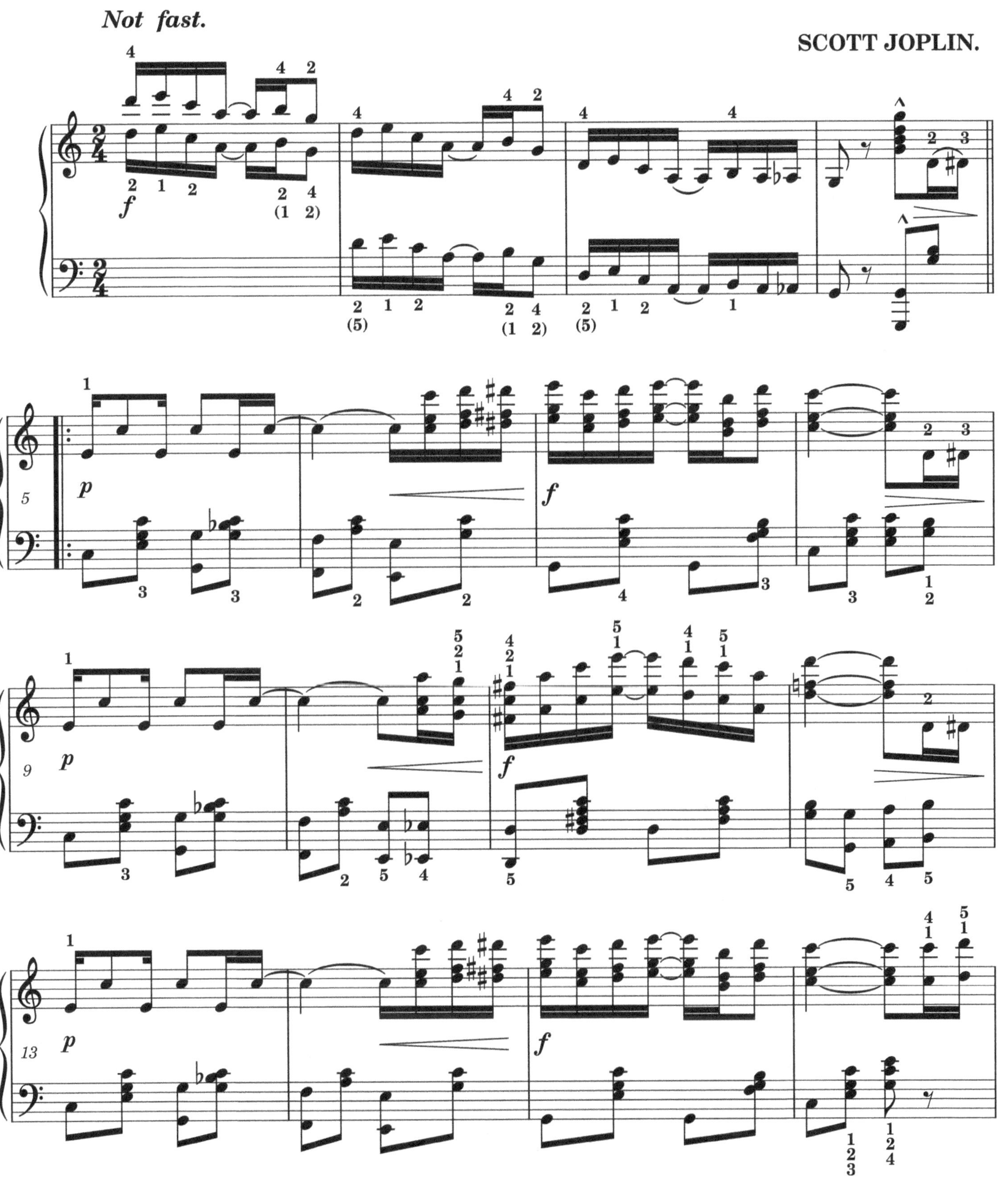

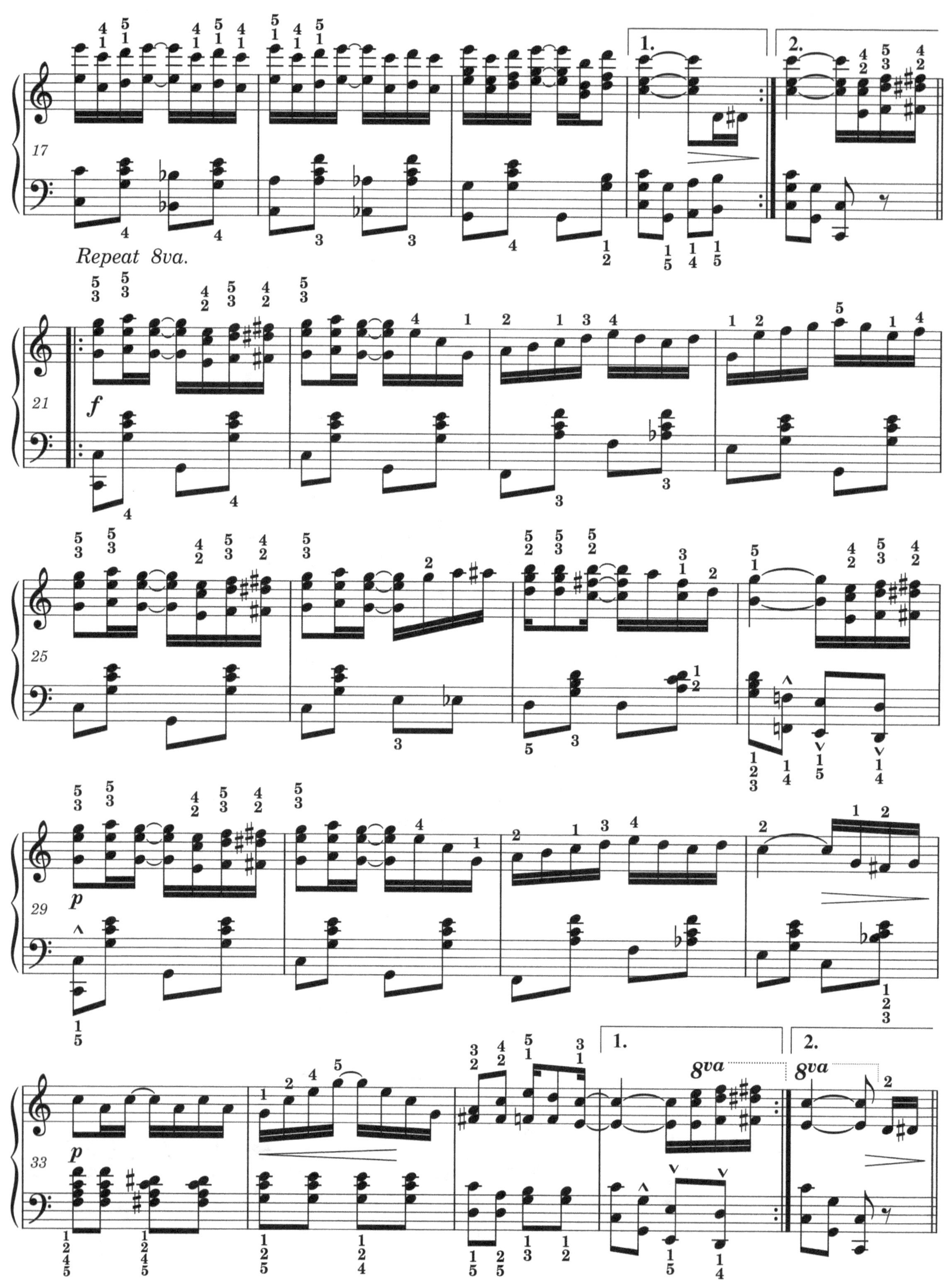
17
Repeat 8va.
21
f
25
29
p
33
p
8va
8va
1.
2.
1.
2.
8

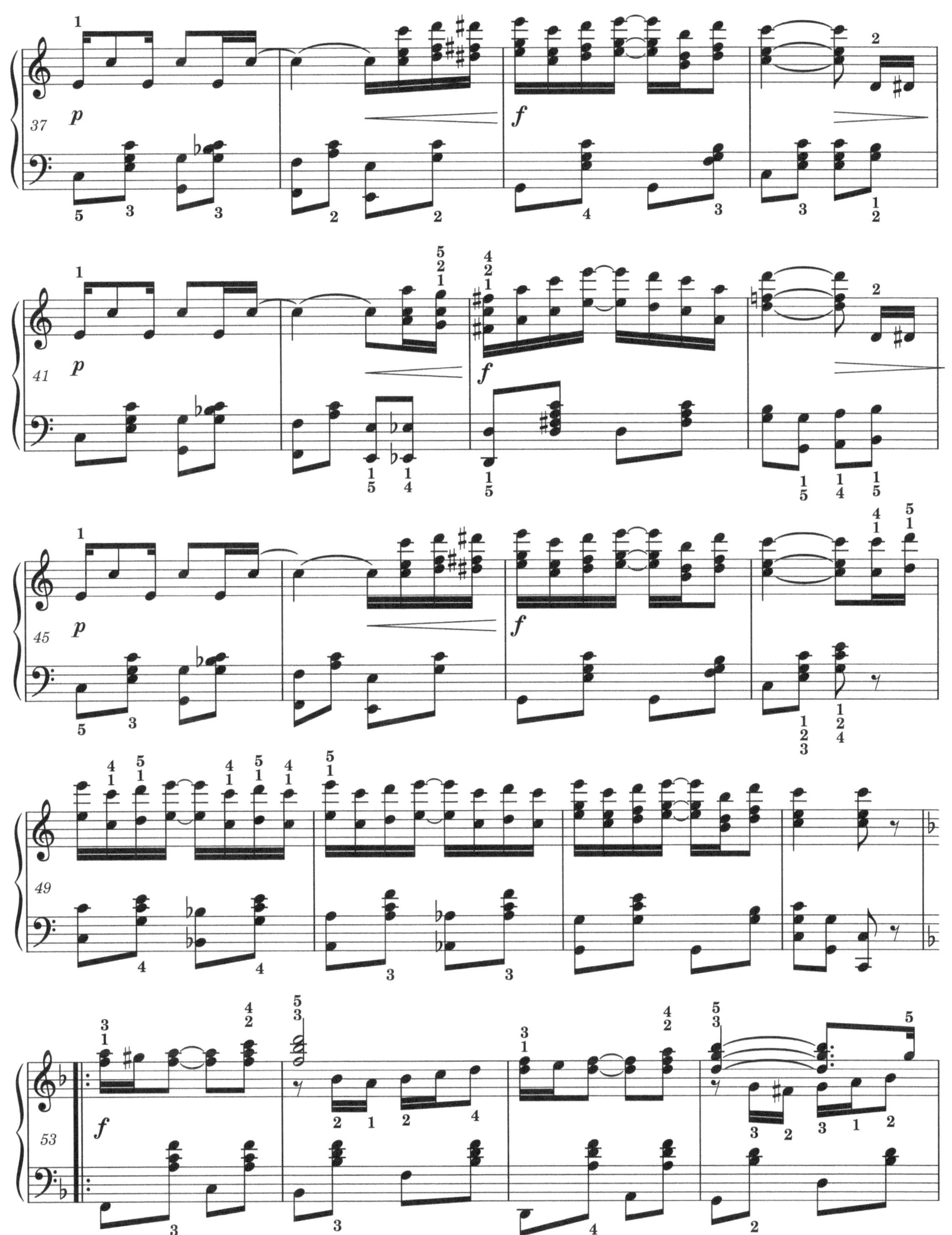

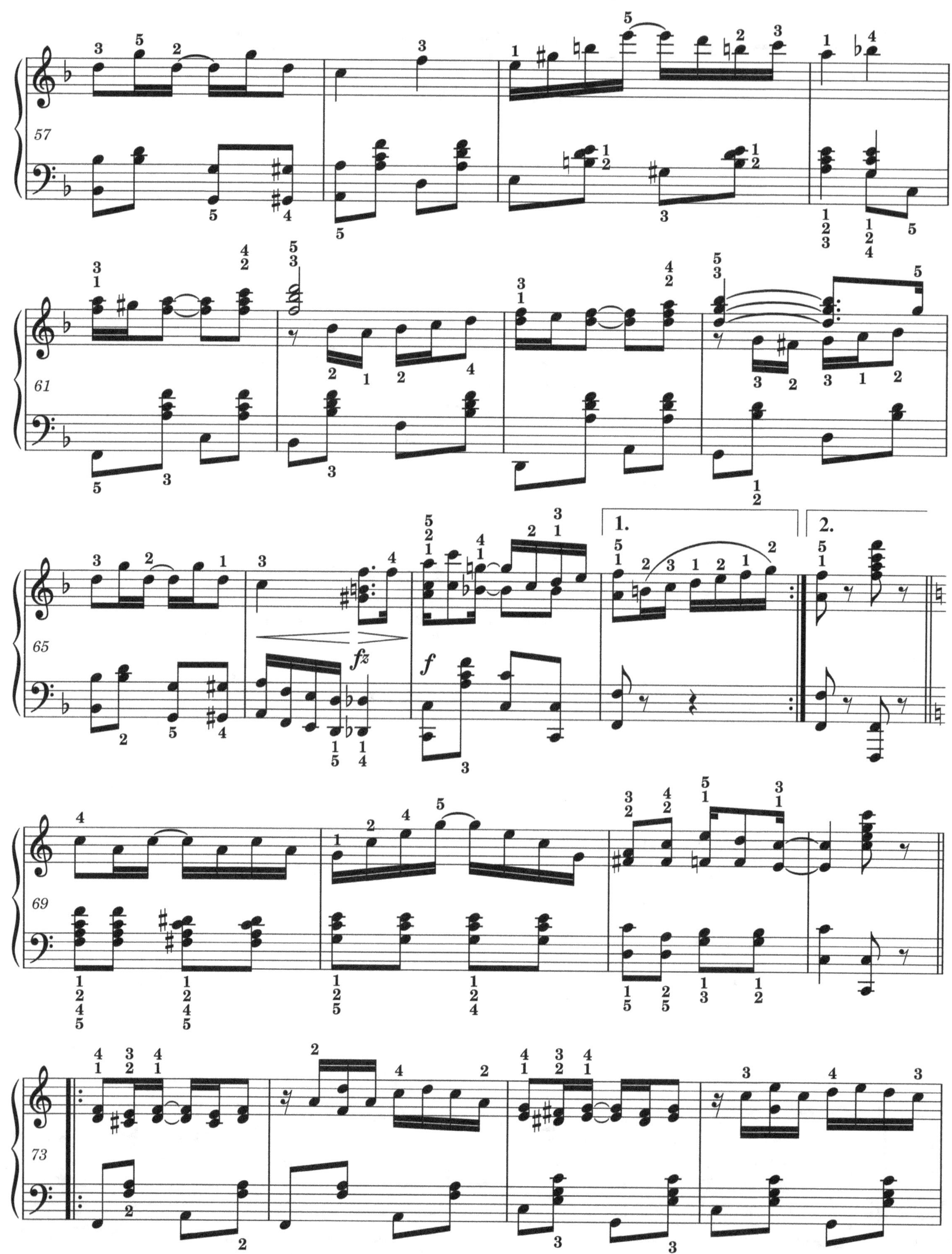

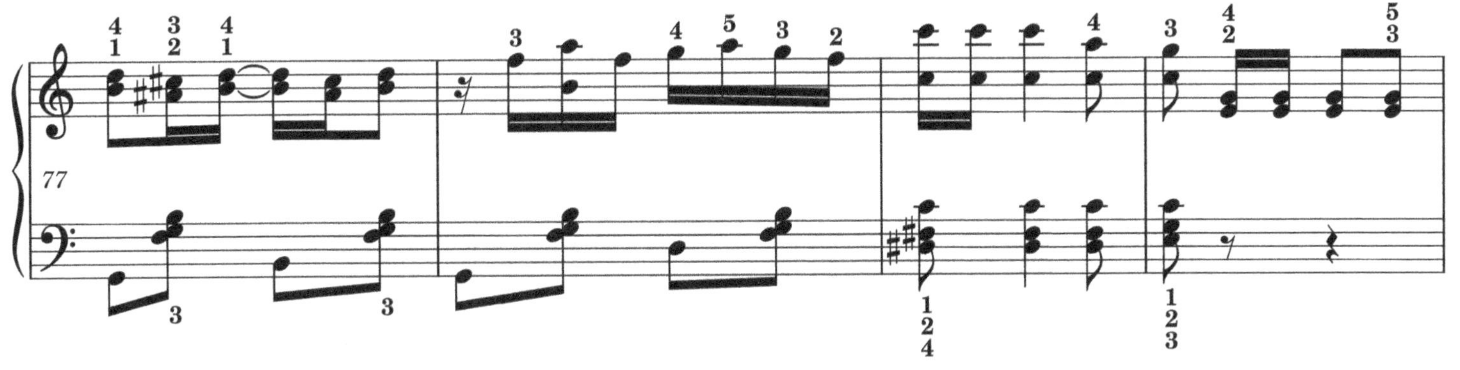
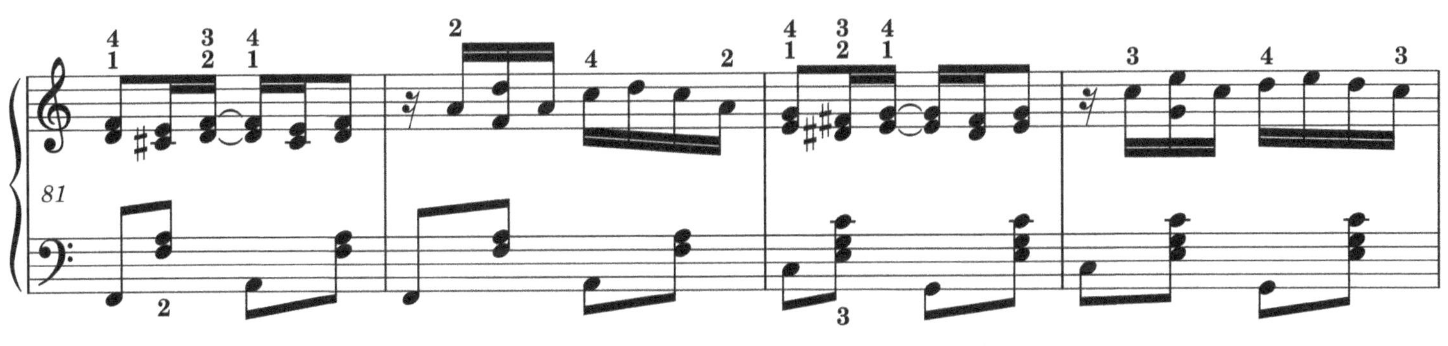
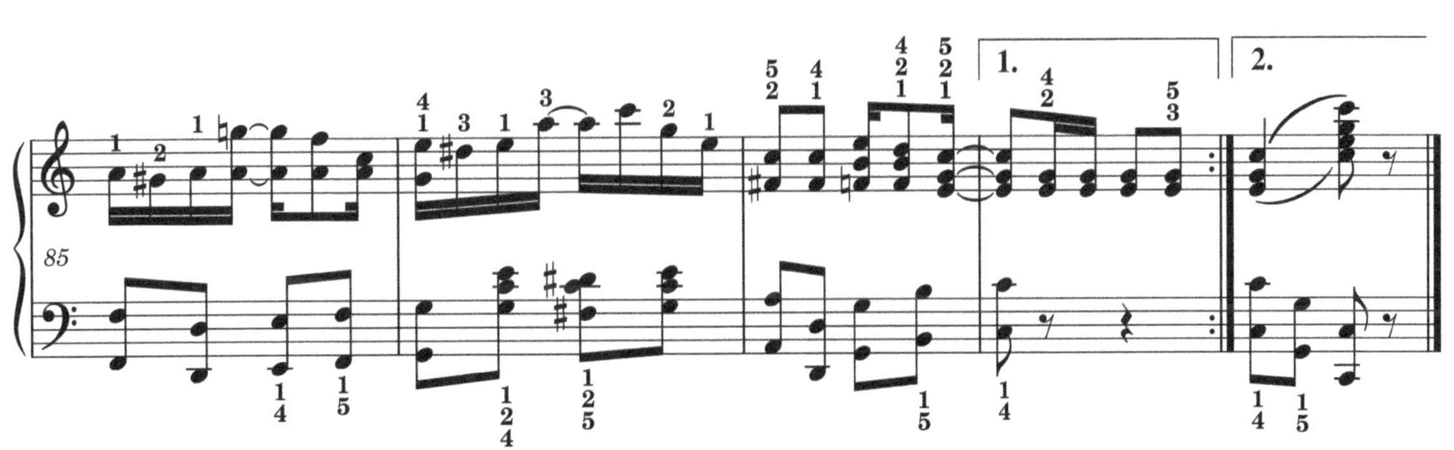

The Entertainer

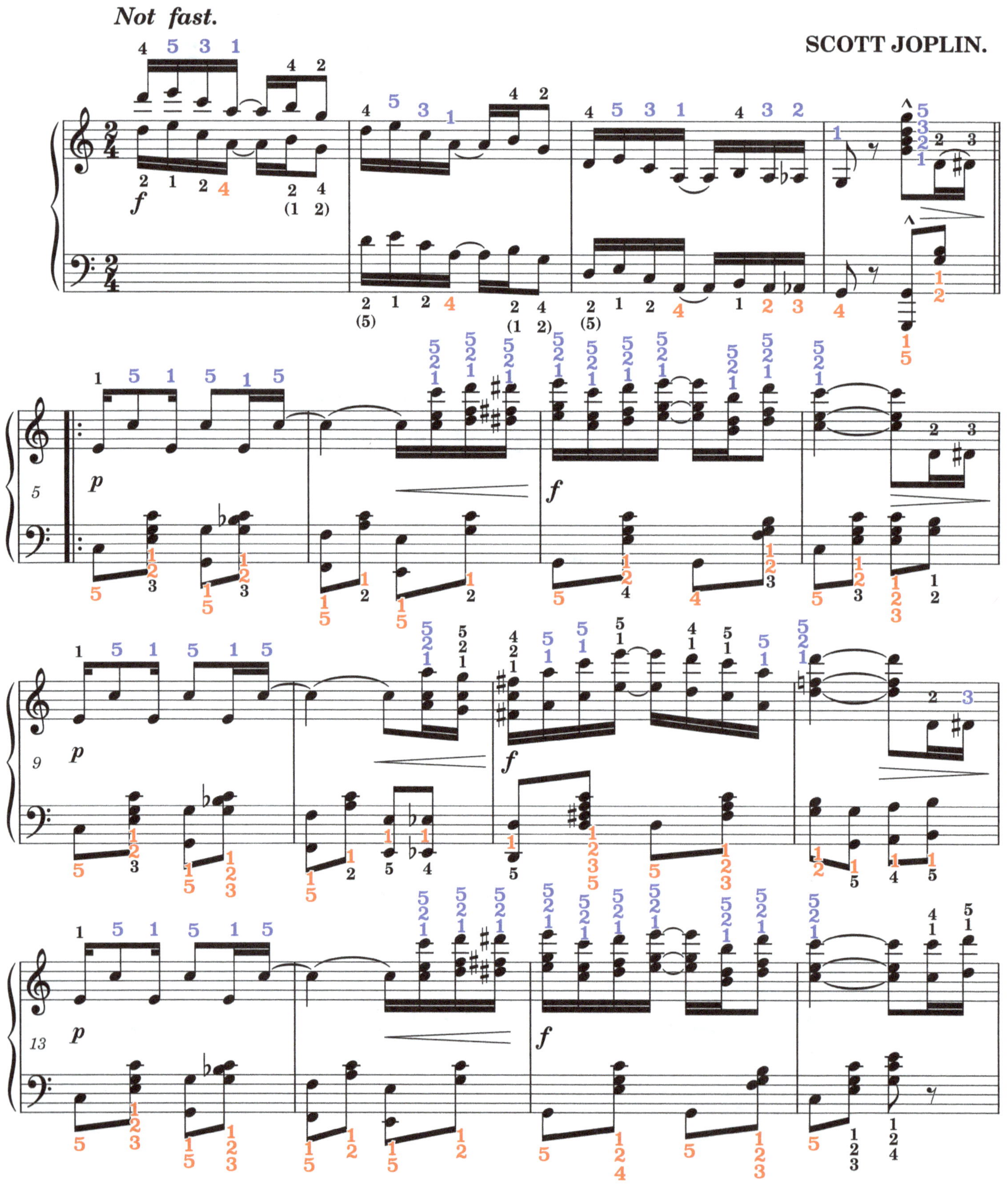

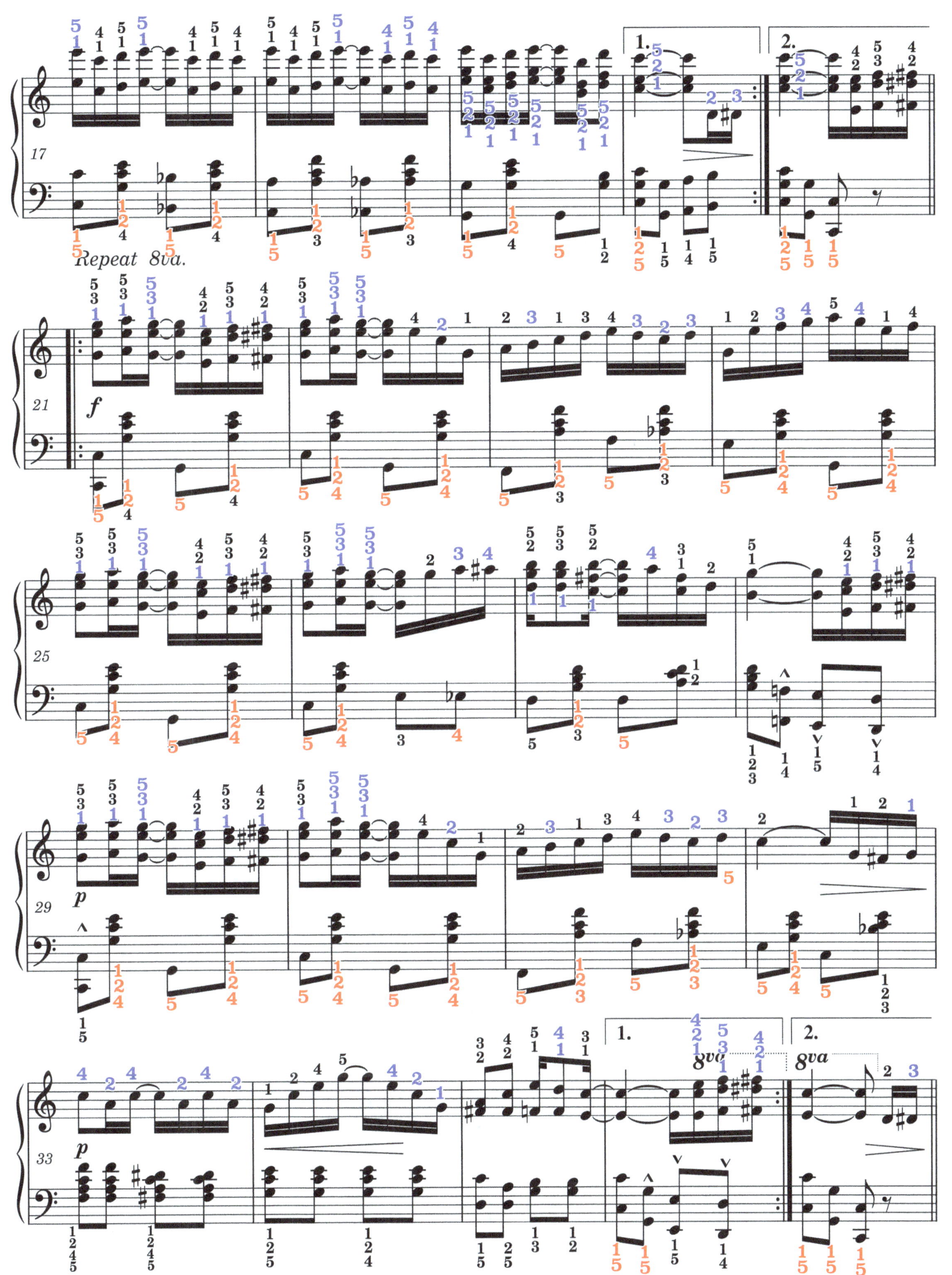
Repeat 8va.
f
p
p
1.
2.
1.
2.
8va
8va

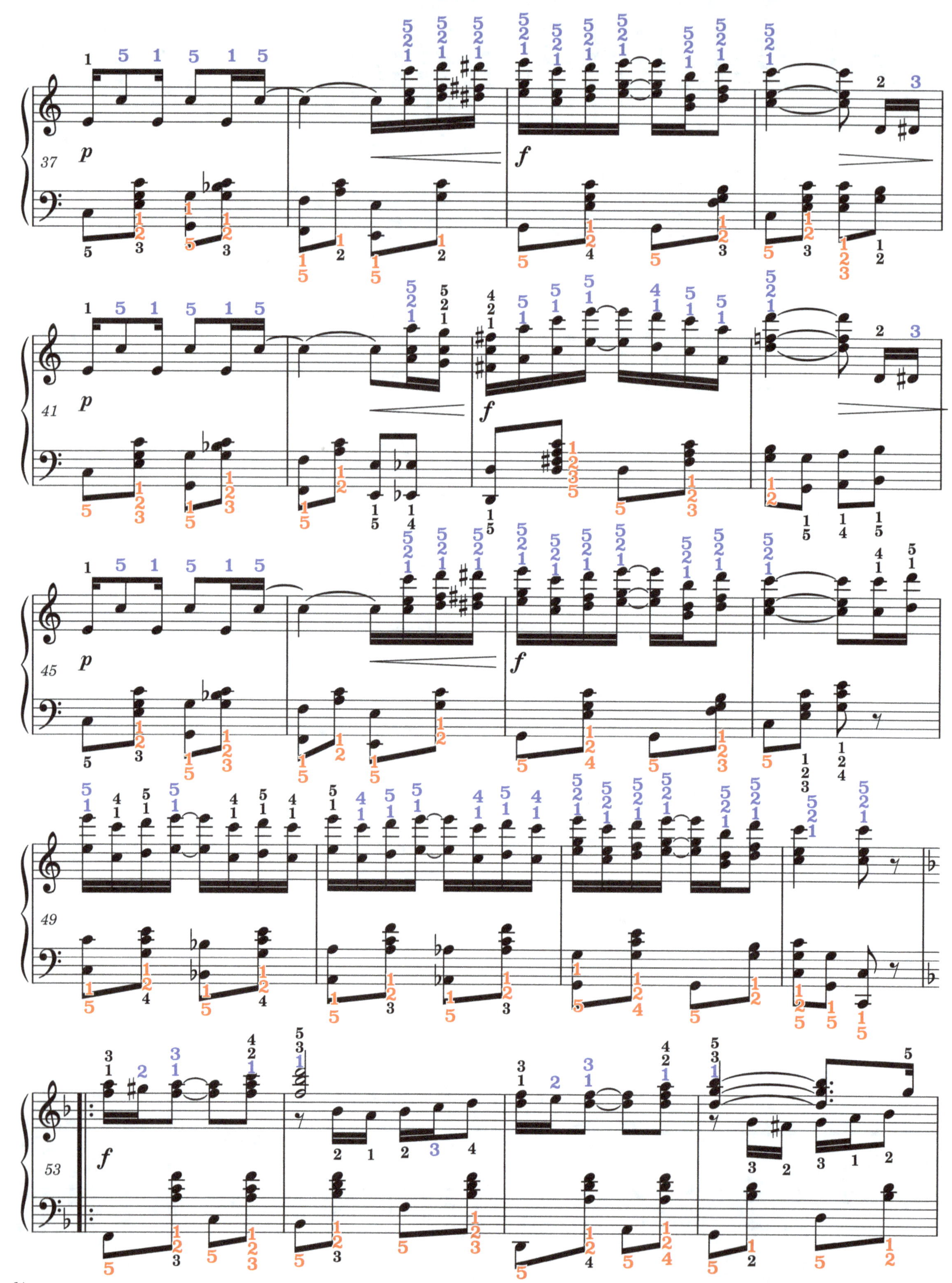

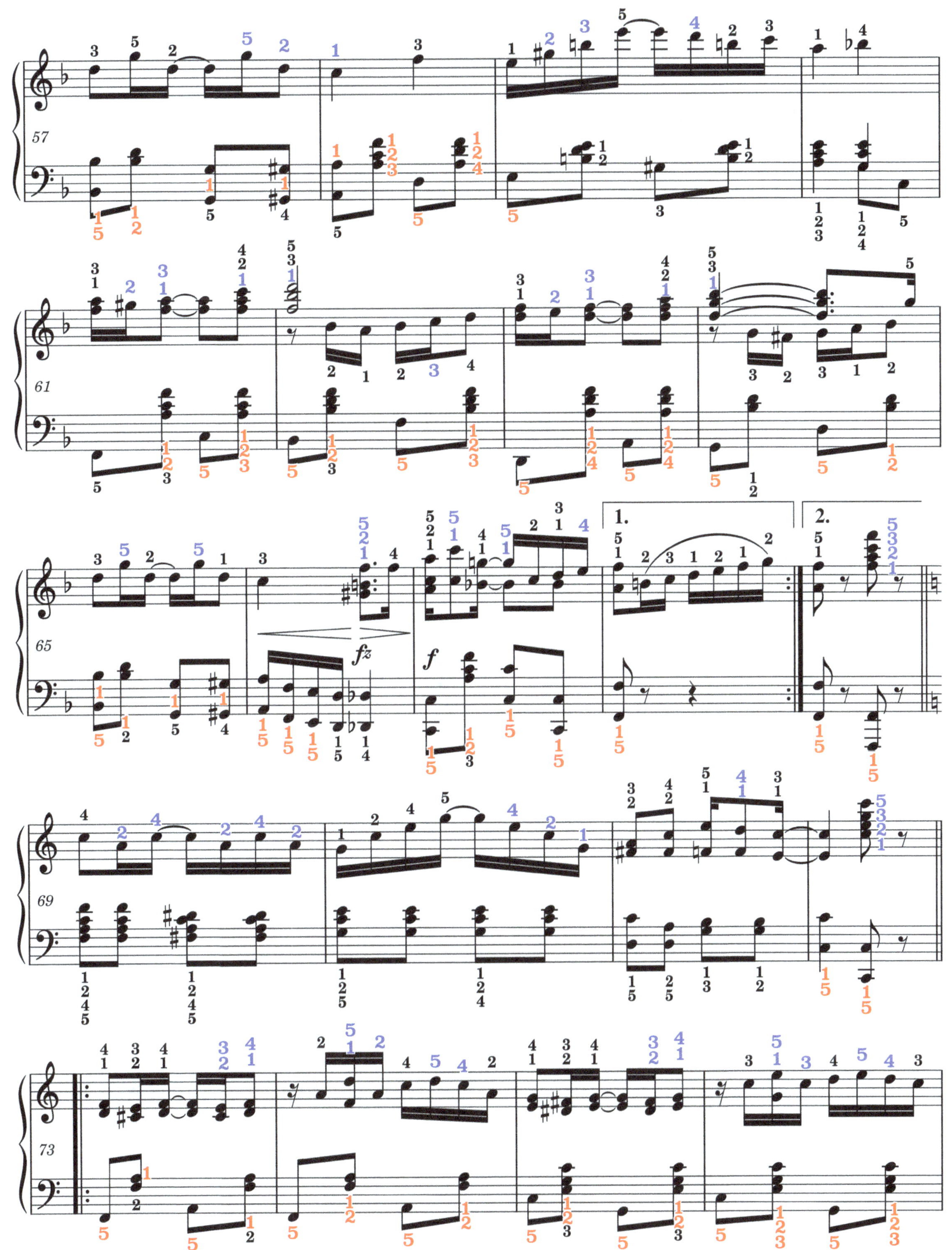

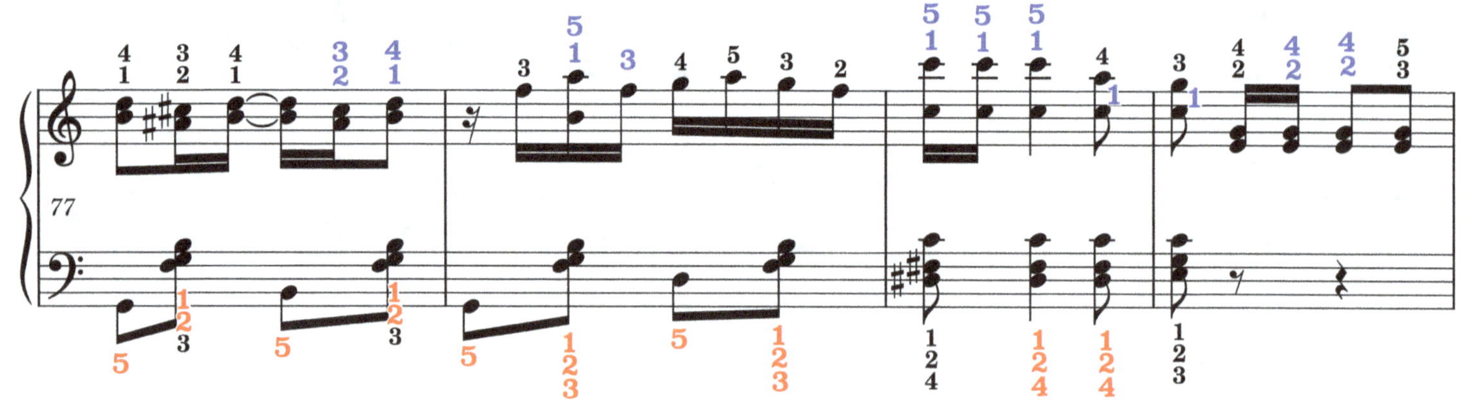

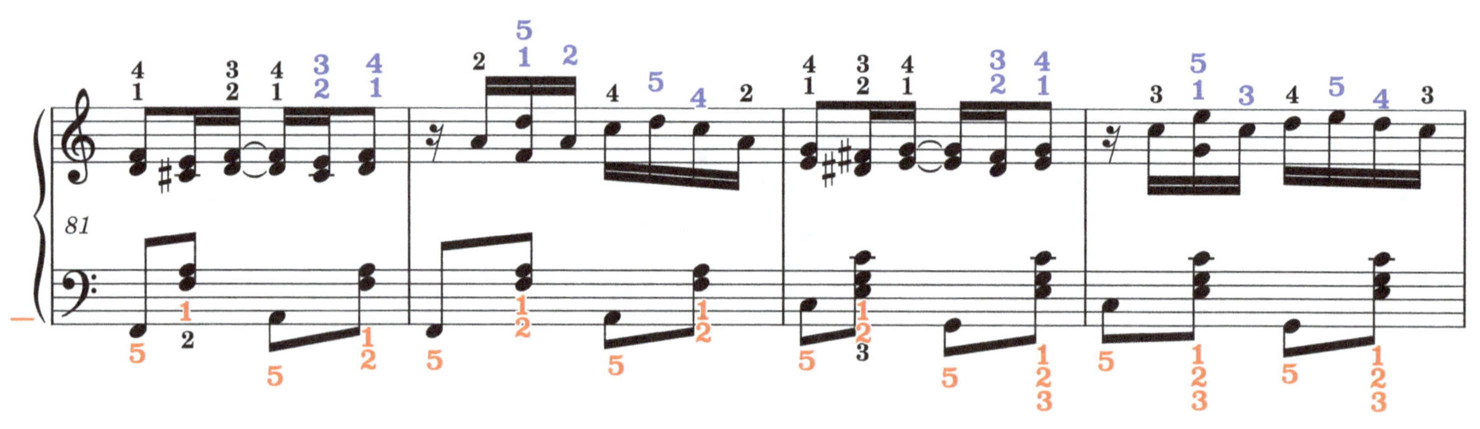

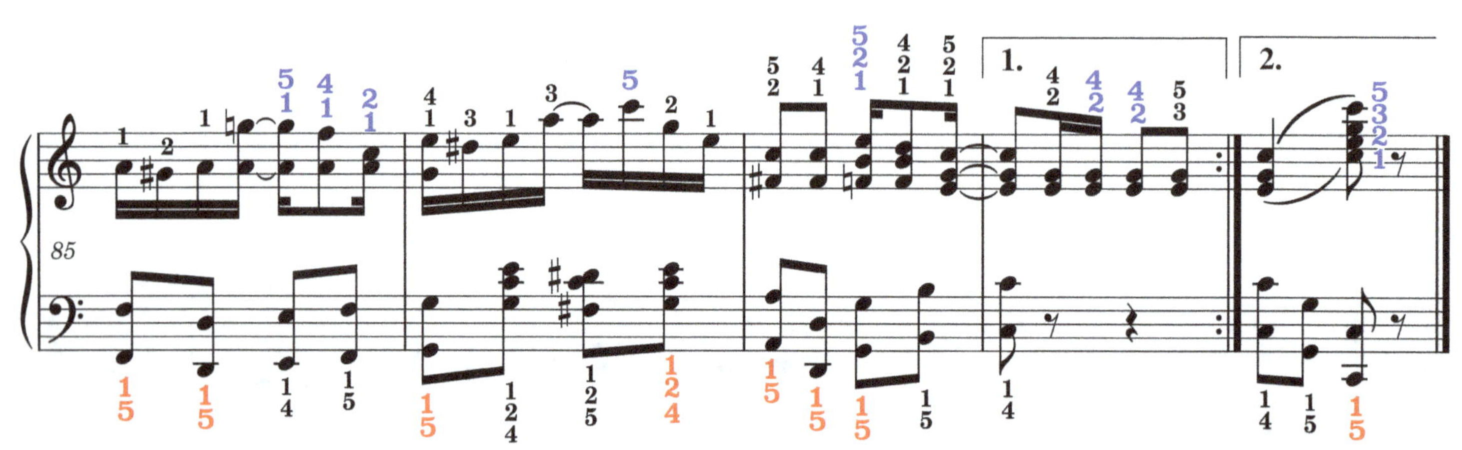

The Entertainer

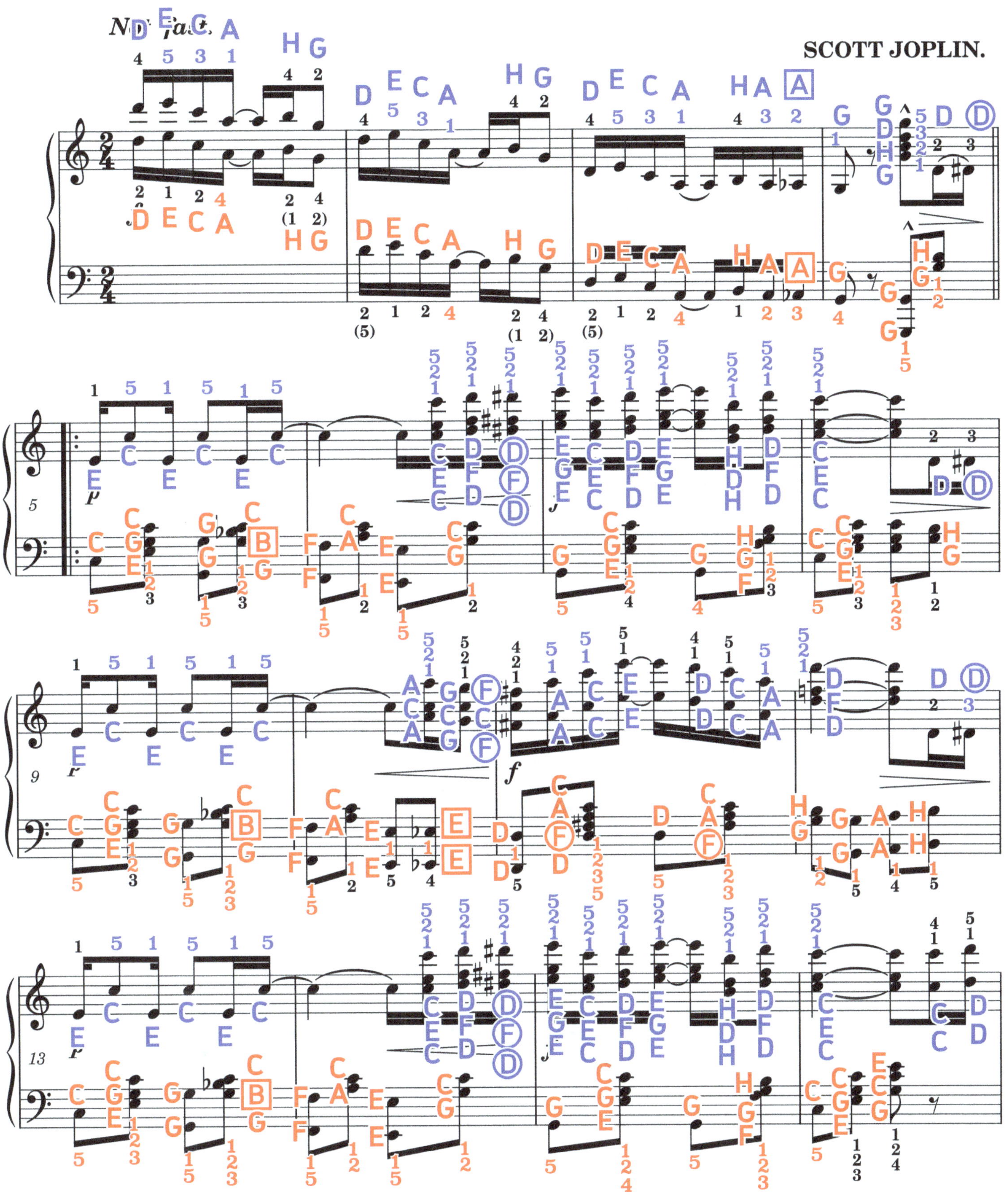

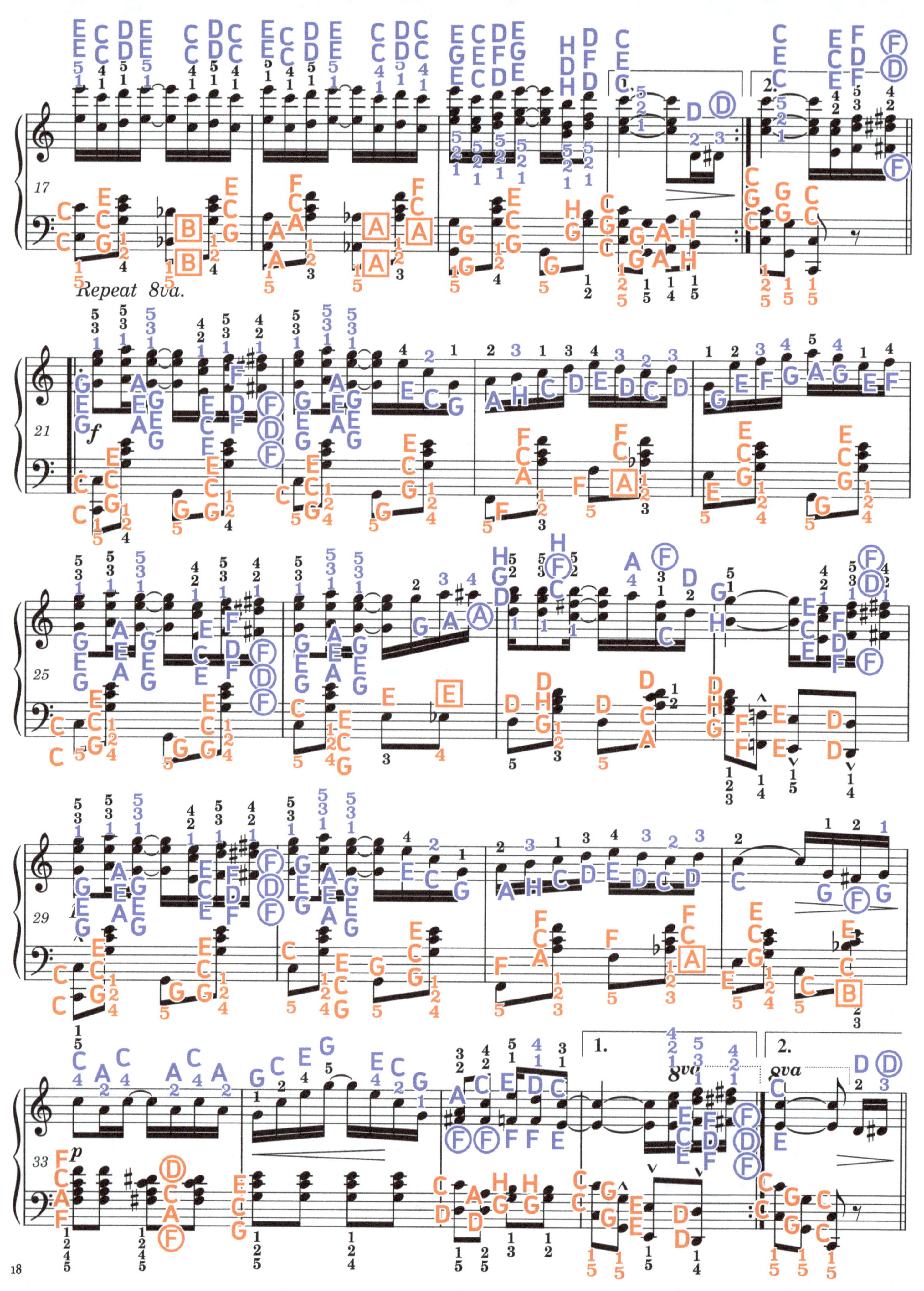
Repeat 8va.
f
p
8va
8va

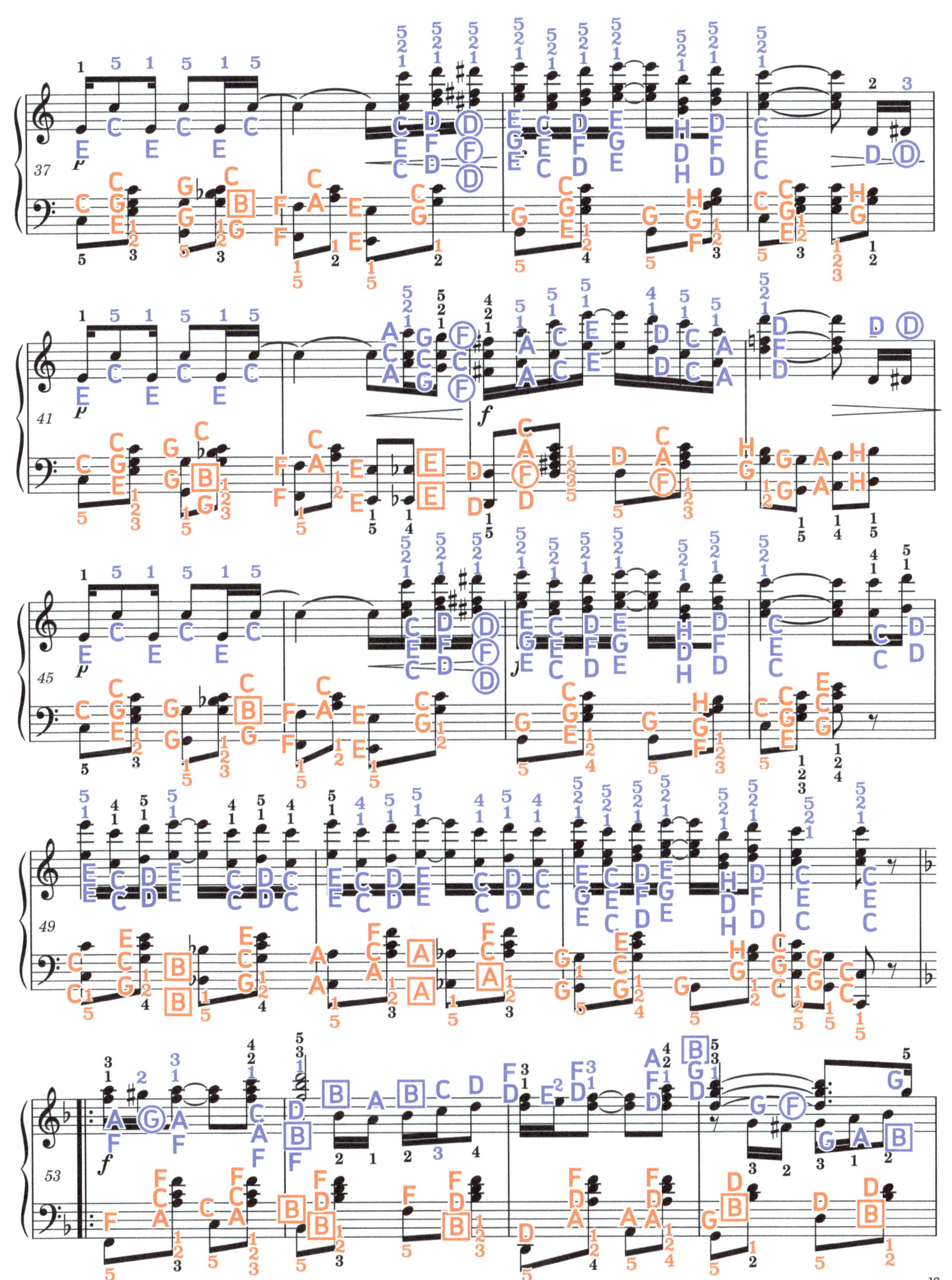

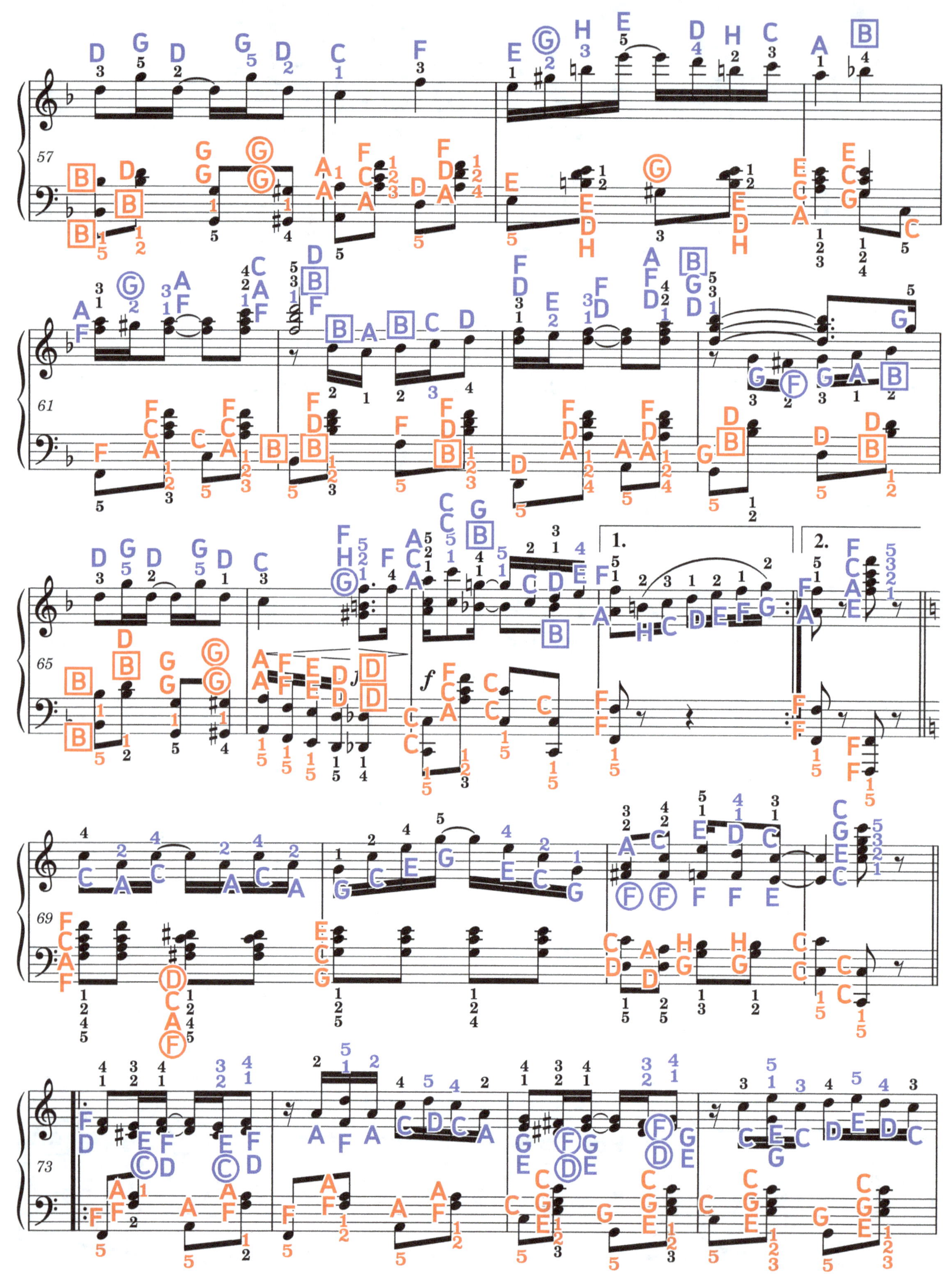

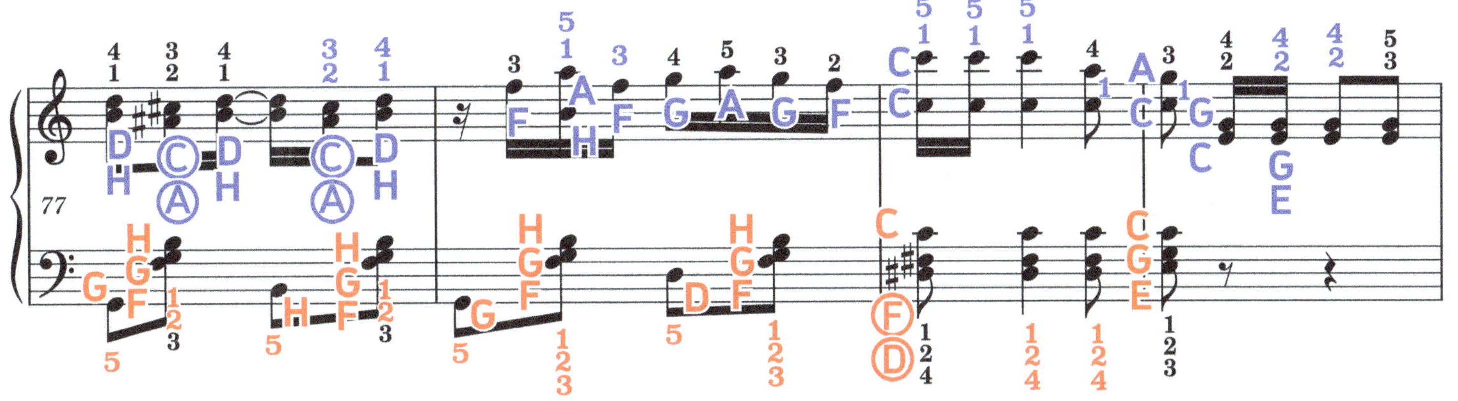

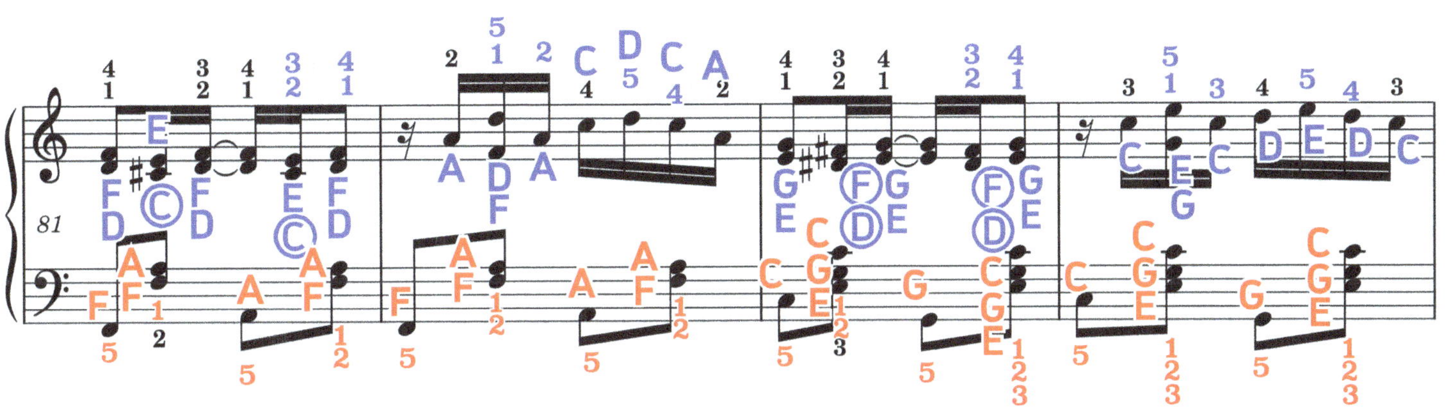

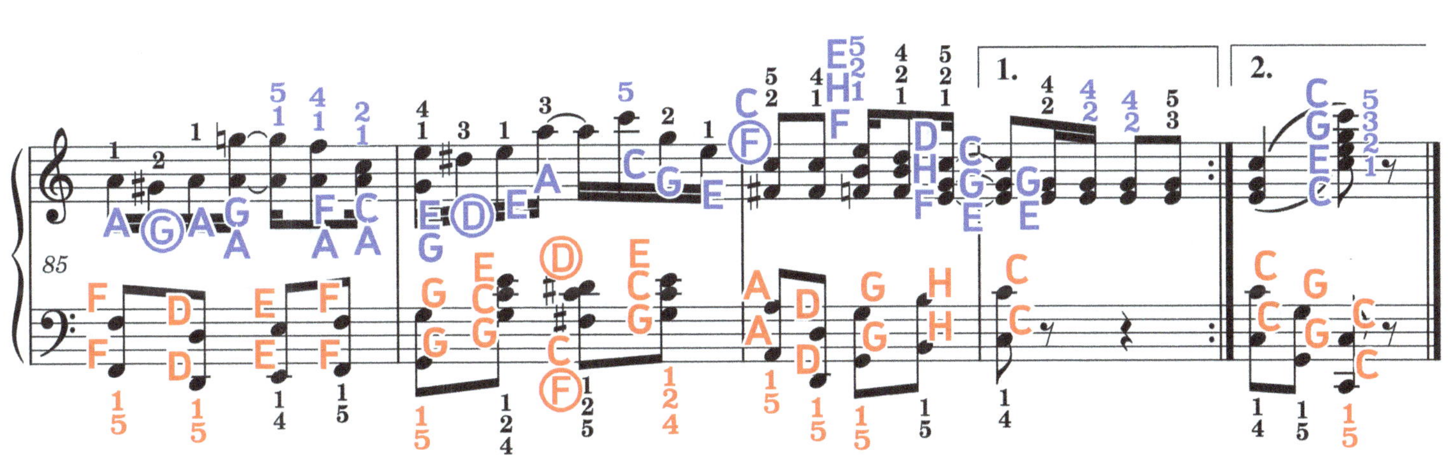

MONDSCHEINSONATE

LUDWIG VAN BEETHOVEN (1770 - 1827)

Komponiert in Cis-Moll

GRUNDTHEORIE: NOTEN & SCHLÜSSEL (VORBEREITUNG AUF DAS STÜCK)

Noten der Tonleiter:		Tonart:
Cis, Dis, E, Fis, Gis, A, H		4 Kreuze (Fis, Cis, Gis, Dis)

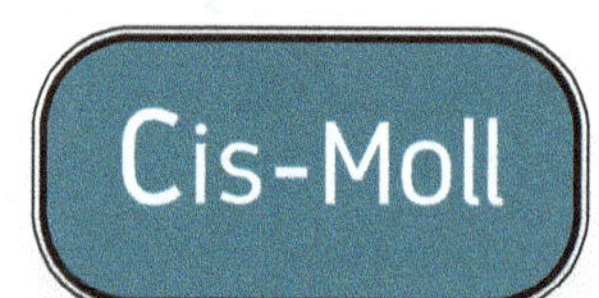

Paralleltonart:
E - Dur

Link zur Audiodatei:
https://drive.google.com/file/d/1W0zmMFz8jMGKKxPJb53hM_EeIZV6IziV/view?usp=sharing

Spiele die Tonleiter mit der RECHTEN HAND (2 OKTAVEN). Achte auf VORZEICHEN (Tonart).

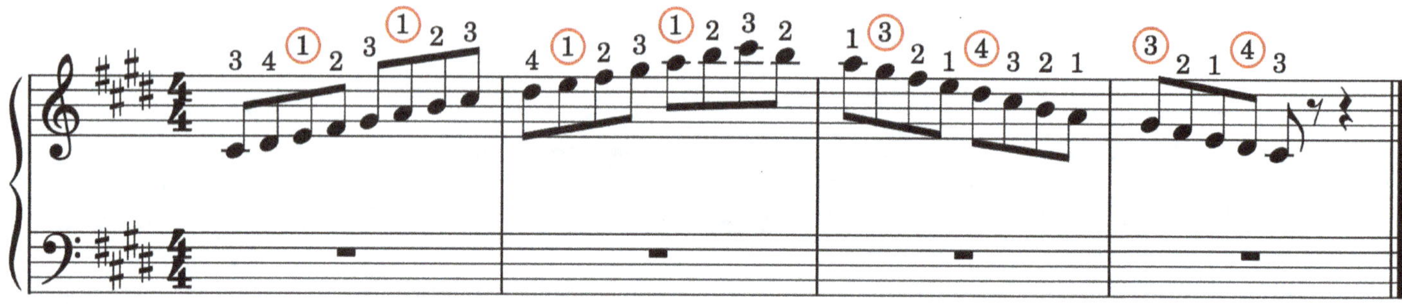

Spiele die Tonleiter mit der LINKEN HAND (2 OKTAVEN). Achte auf VORZEICHEN (Tonart).

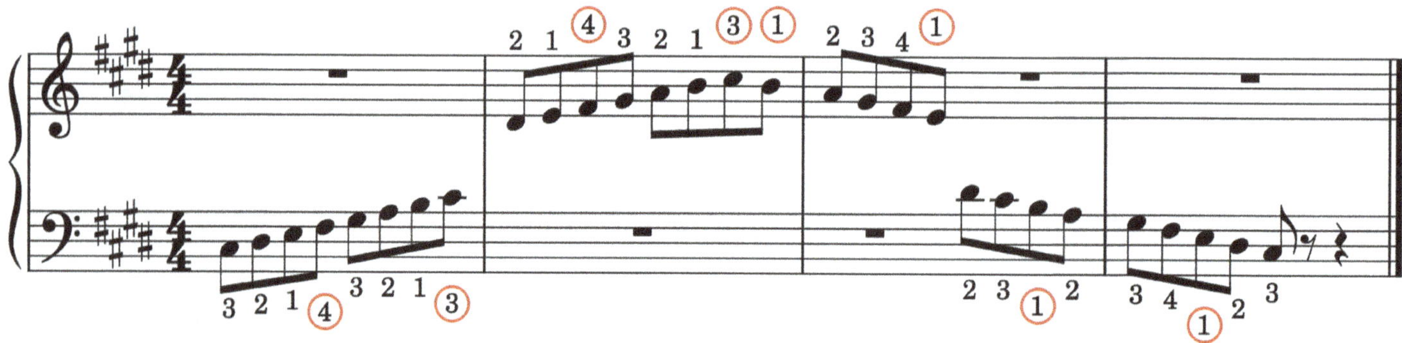

Übe Akkorde & Umkehrungen (BEIDE HÄNDE) 1. & 2. Umkehrung: Grundton 'E' & Grundton 'Gis'.

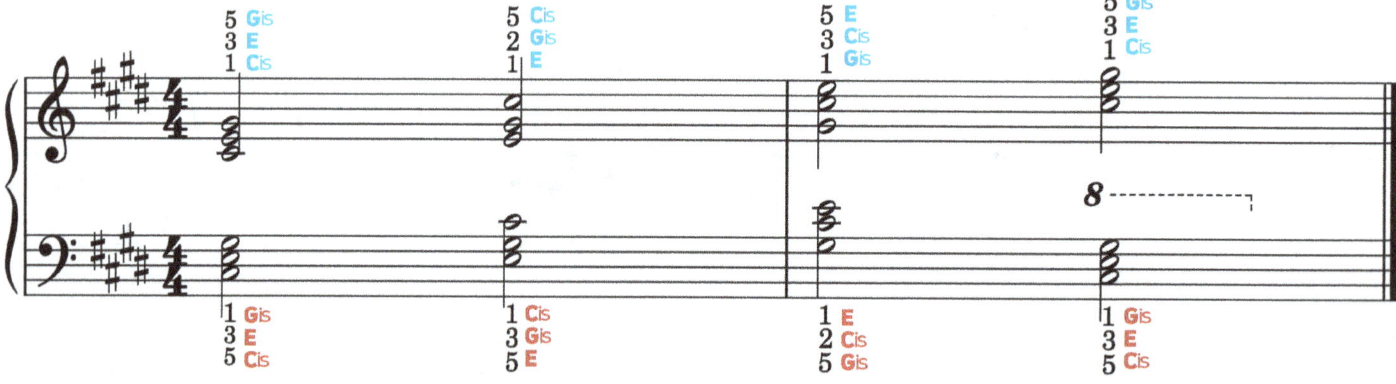

ÜBUNGSTIPPS

Der erste Satz der „Mondscheinsonate" wurde 1801 von Ludwig van Beethoven komponiert. Er ist bekannt für seine tiefe und fast meditative Stimmung. Der Satz zeichnet sich durch einen durchgehenden Triolenrhythmus und eine lyrische Melodie aus, was ihn zu einem hervorragenden Stück für fortgeschrittene Anfänger macht, um kontrollierten Ausdruck und feine Dynamik zu üben.

Die folgenden Tipps werden Ihnen helfen, zu üben und besser zu werden.

1. LANGSAM BEGINNEN

Es ist sehr wichtig jede Note korrekt zu spielen und in einem langsamen Tempo zu beginnen. Somit bauen Sie das notwenige Muskelgedächtnis der Finger auf.

2. FINGER NUMMERIERUNG

Achten Sie besonders auf die Fingernummern. Denken Sie daran das die flüssige Bewegung und Platzierung der Finger und Hände wichtig sind um flüssig zu spielen.

3. NENNEN ODER SINGEN

Noten laut auszusprechen oder zu singen beim Üben kann Ihnen helfen die Position der Töne auf dem Klavier und im Notensystem besser im Gedächtnis zu behalten.

4. HERUNTERBRECHEN

Fokusieren Sie sich auf kleine Sektionen (Sätze) des lernenden Stückes und verbinden Sie kleine Teile zu dem ganzen. Das korrekte Spielen einzelner Sätze gibt Ihnen Sicherheit und Motivation um korrekt zu spielen.

5. GETRENNT DANN ZUSAMMEN

Es ist hilfreich an jeder Hand einzeln zu arbeiten um sich auf die spezifischen Schwierigkeiten zu konzentrieren. Wenn die Hänsde einzeln beherrscht und Sie sich bereit fühlen dann beginnen Sie mit beiden Händen zu spielen.

6. SICH SELBST AUFNEHMEN

Dokumentieren Sie ihre Übungseinheiten, um zu sehen, woran Sie arbeiten müssen und wie Sie sich im Laufe der Zeit verbessern.

7. AUF DEN RYTHMUS ACHTEN

Ein Metronom kann sehr hilfreich sein. Stellen Sie die Geschwindigkeit zunächst auf ein niedriges Niveau ein und mit der Gewöhnung an dies erhöhen Sie das Tempo dann langsam .

8. REGELMÄSSIGES ÜBEN

Konsequentes Üben ist wichtig und der Schlüssel zum Erfolg. Tägliche kurze Übungseinheiten sind besser als seltene lange. Es gilt das gelernte zu verarbeiten in der Pausezeit. Fortschritt und Festigung in der Spielzeit.

9. FINGERWECHSEL BEDENKEN

Komponisten fügen diese Nummern in den originalen Noten hinzu als Hilfe hinzu für glattere Übergänge ein flüssiges Spielen. Denken Sie daran schwierige Passagen durch Optimieren von Fingern zu erleichtern.

10. NOTEN LESEN

Üben Sie das Lesen der Originalpartitur. Bei Unsicherheiten greifen Sie auf die Hilfsversionen zurück. Noten lesen hilft Ihnen, ein besserer Musiker zu werden, mehr Lieder zu lernen und das Anfängerniveau zu überwinden.

Sonate No. 14, *Moonlight*

1st Movement

Opus 27 No. 2

Ludwig van Beethoven
(1770–1827)

Adagio sostenuto

Si deve suonare tutto questo pezzo delicatissimamente e senza sordini

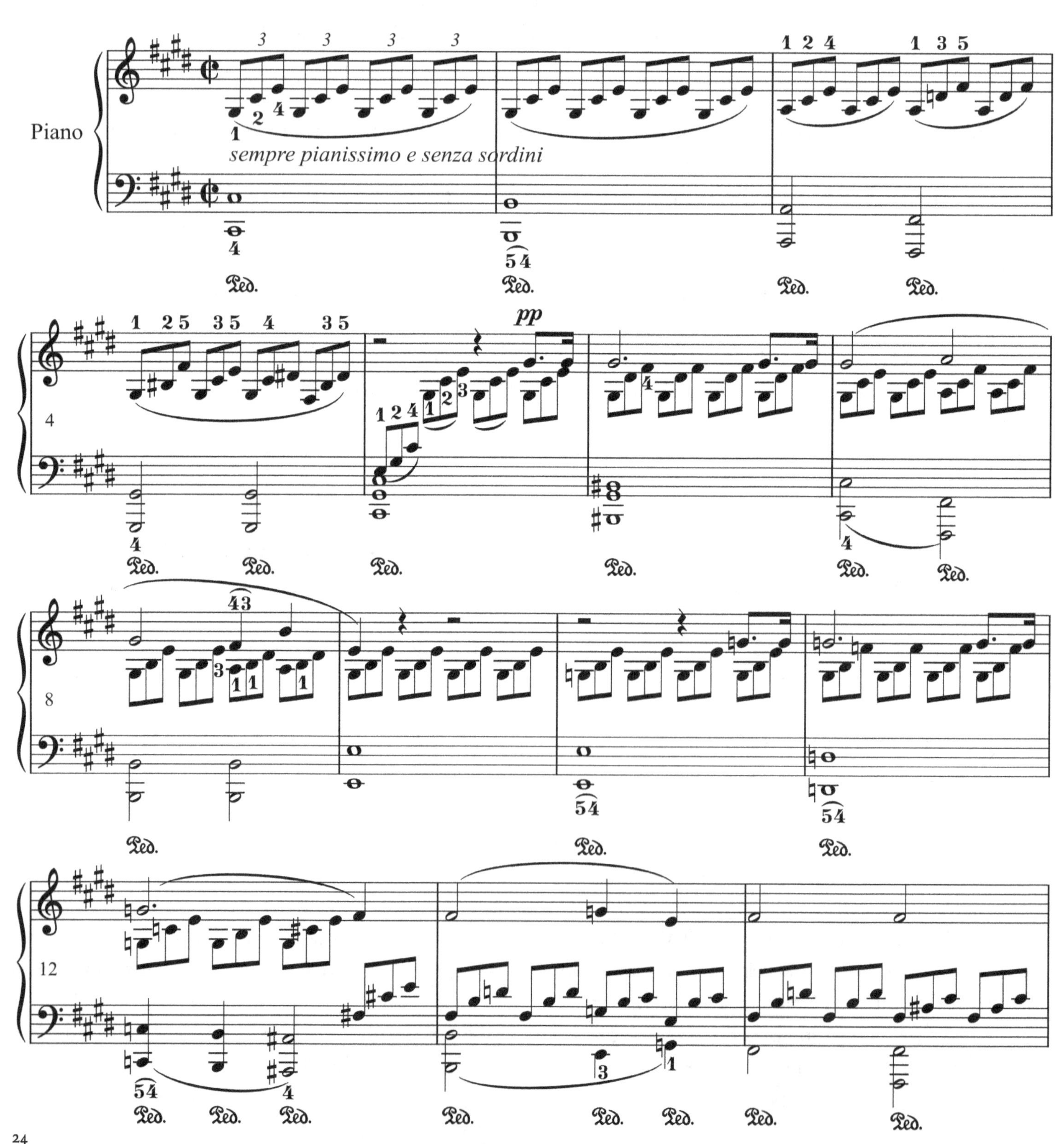

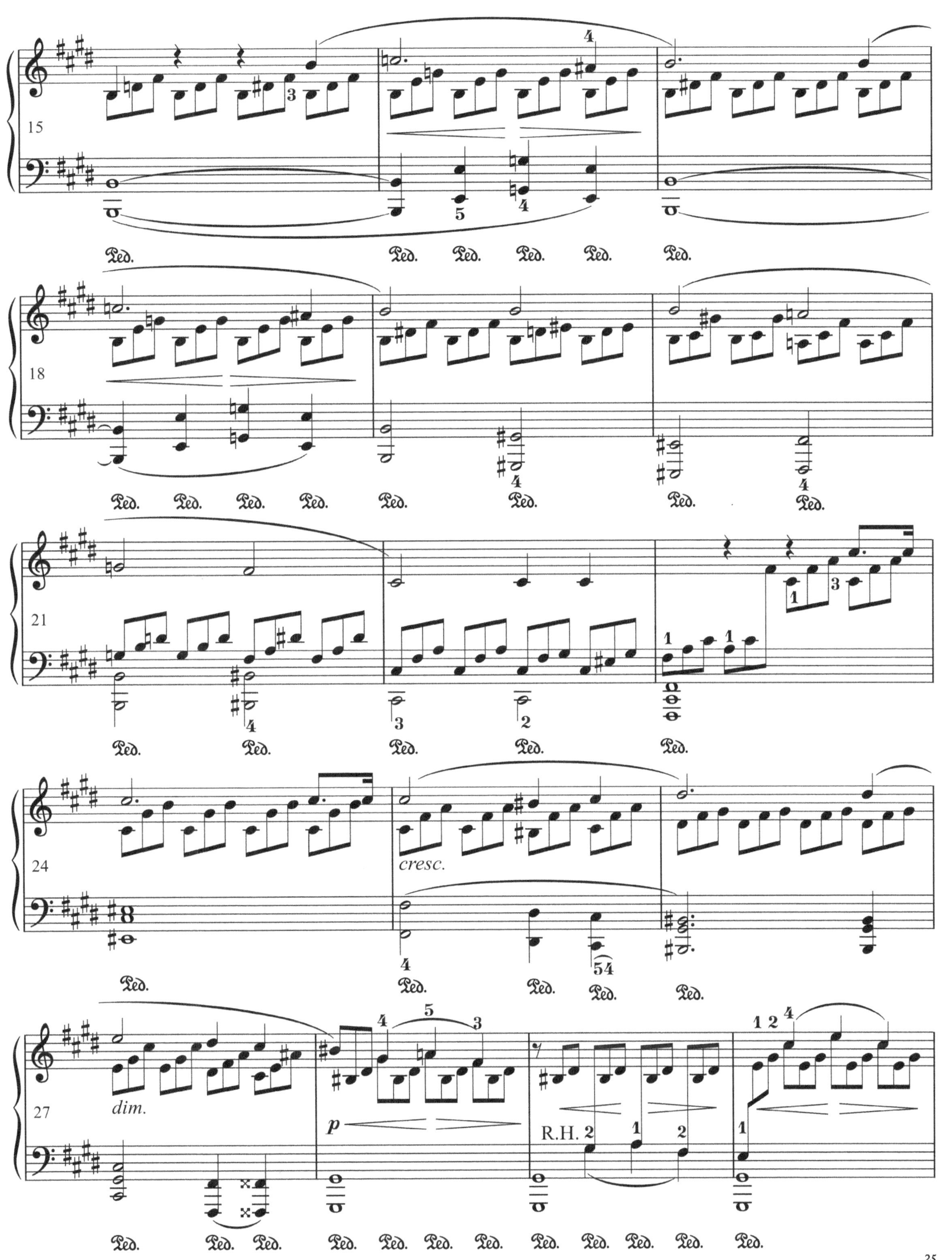

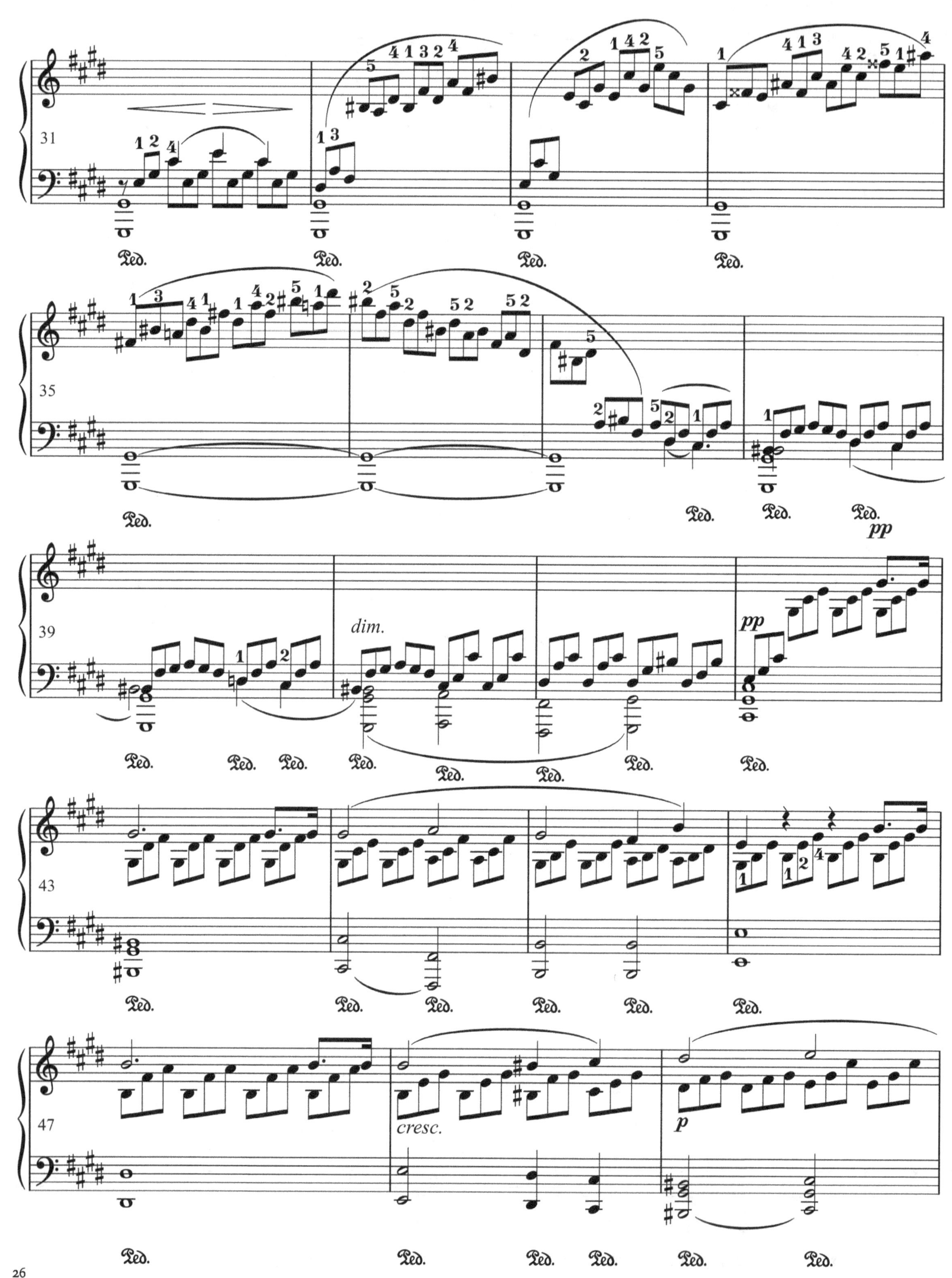

26

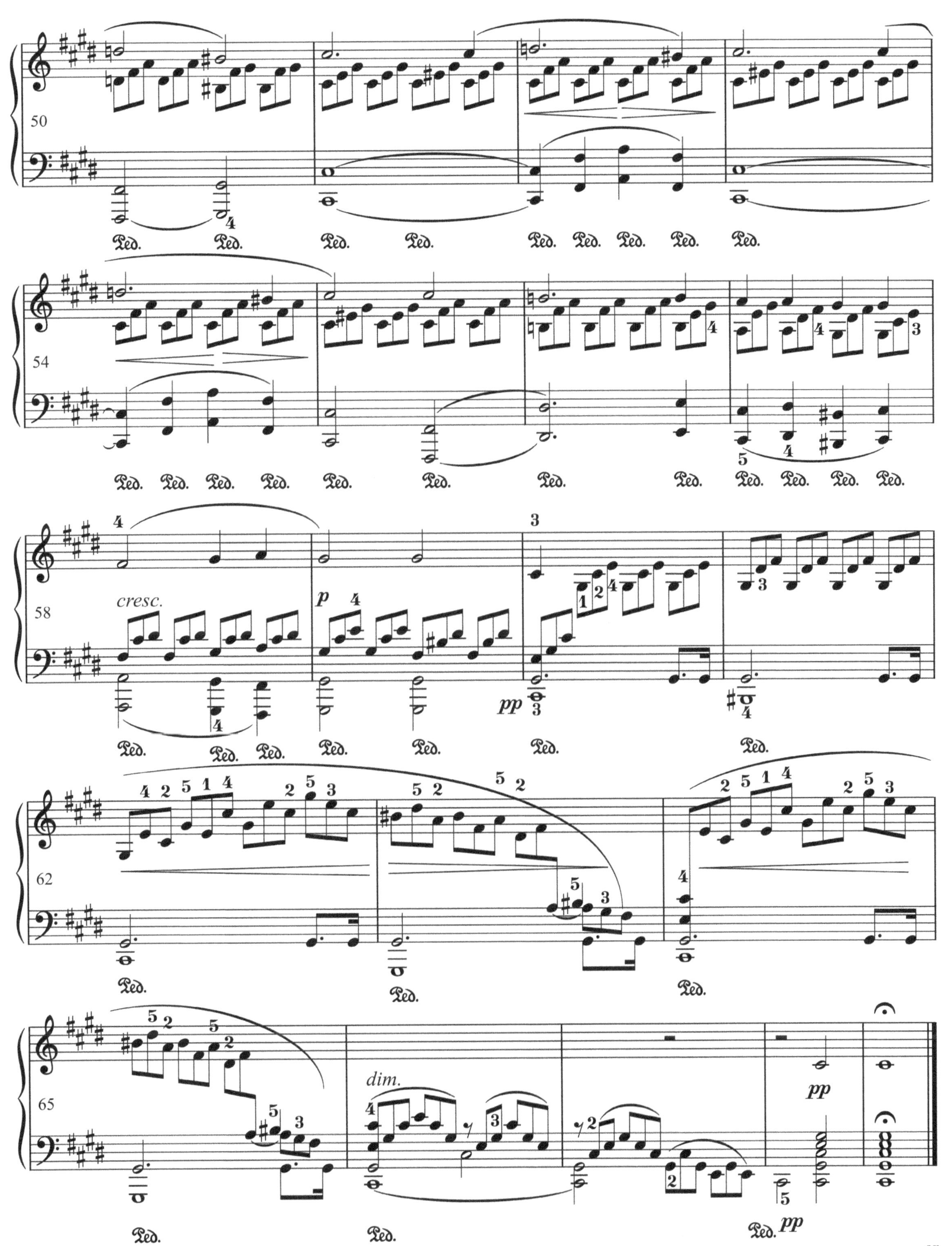

50
Ped. Ped. Ped. Ped. Ped. Ped. Ped. Ped. Ped.
54
Ped. Ped. Ped. Ped. Ped. Ped. Ped. Ped. Ped. Ped. Ped.
58
cresc.
p
pp
Ped. Ped. Ped. Ped. Ped. Ped. Ped.
62
Ped. Ped. Ped.
65
dim.
pp
Ped. Ped. Ped. pp
27

Sonate No. 14, *Moonlight*

1st Movement
Opus 27 No. 2

Ludwig van Beethoven
(1770–1827)

Adagio sostenuto
Si deve suonare tutto questo pezzo delicatissimamente e senza sordini

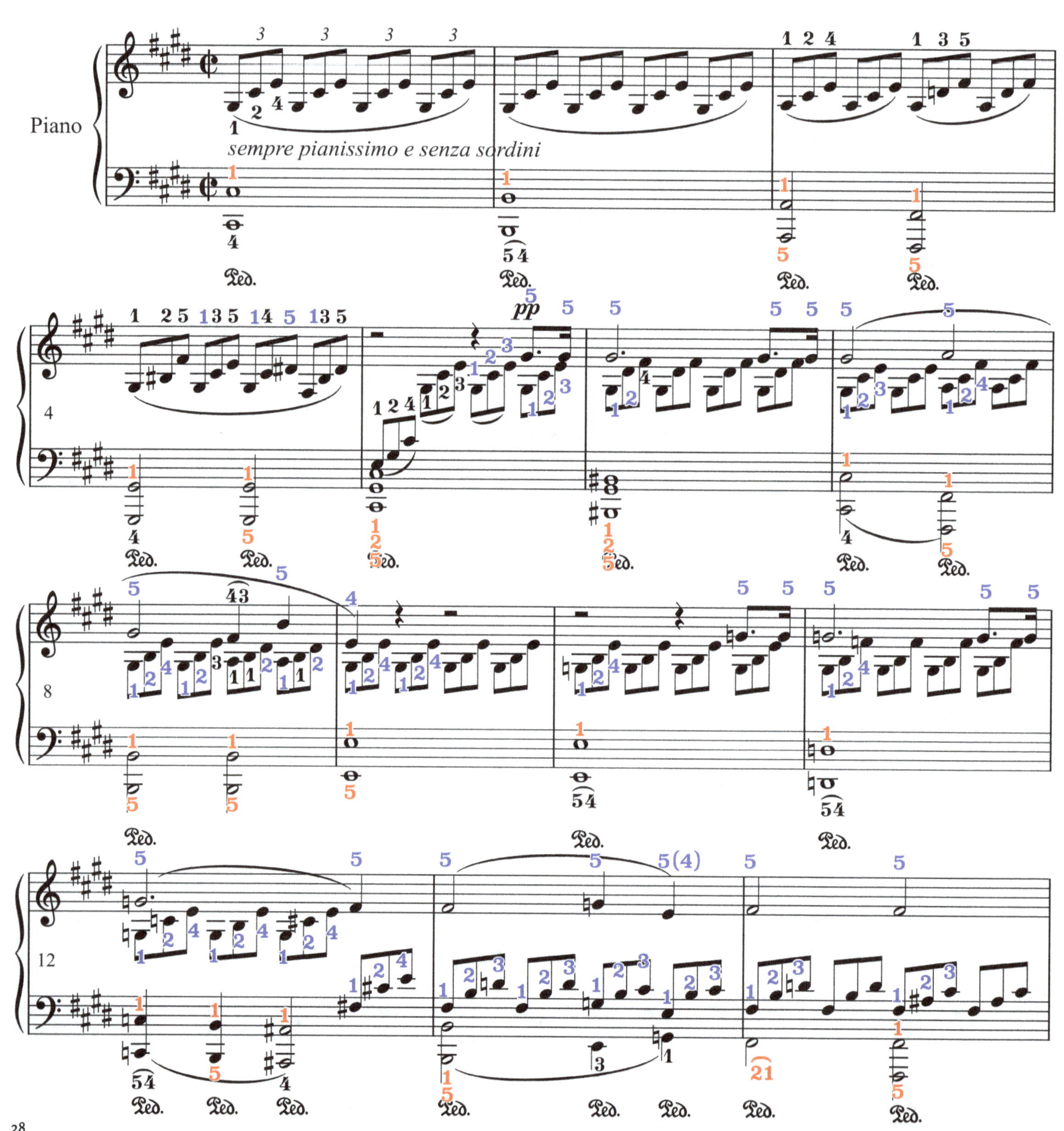

28

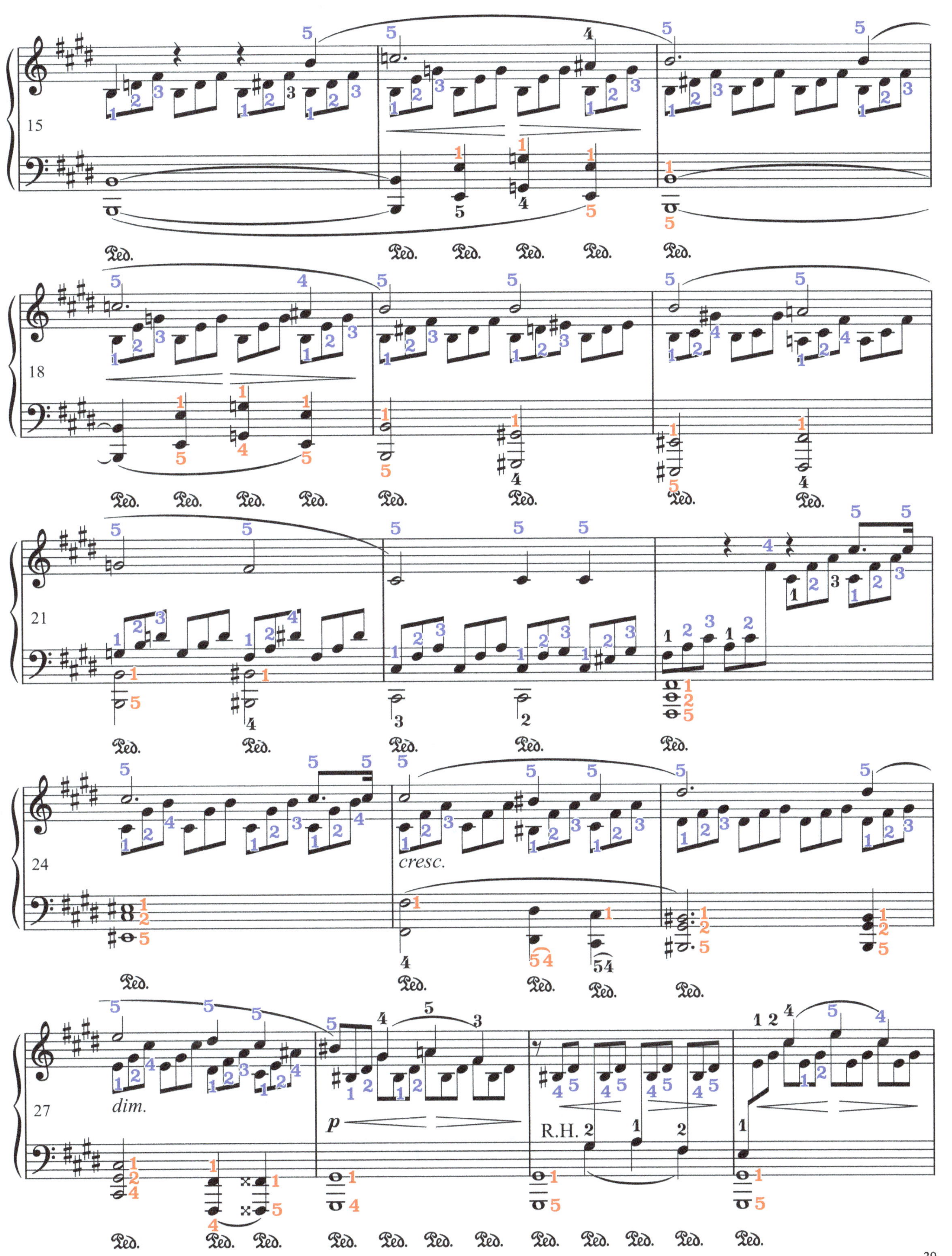

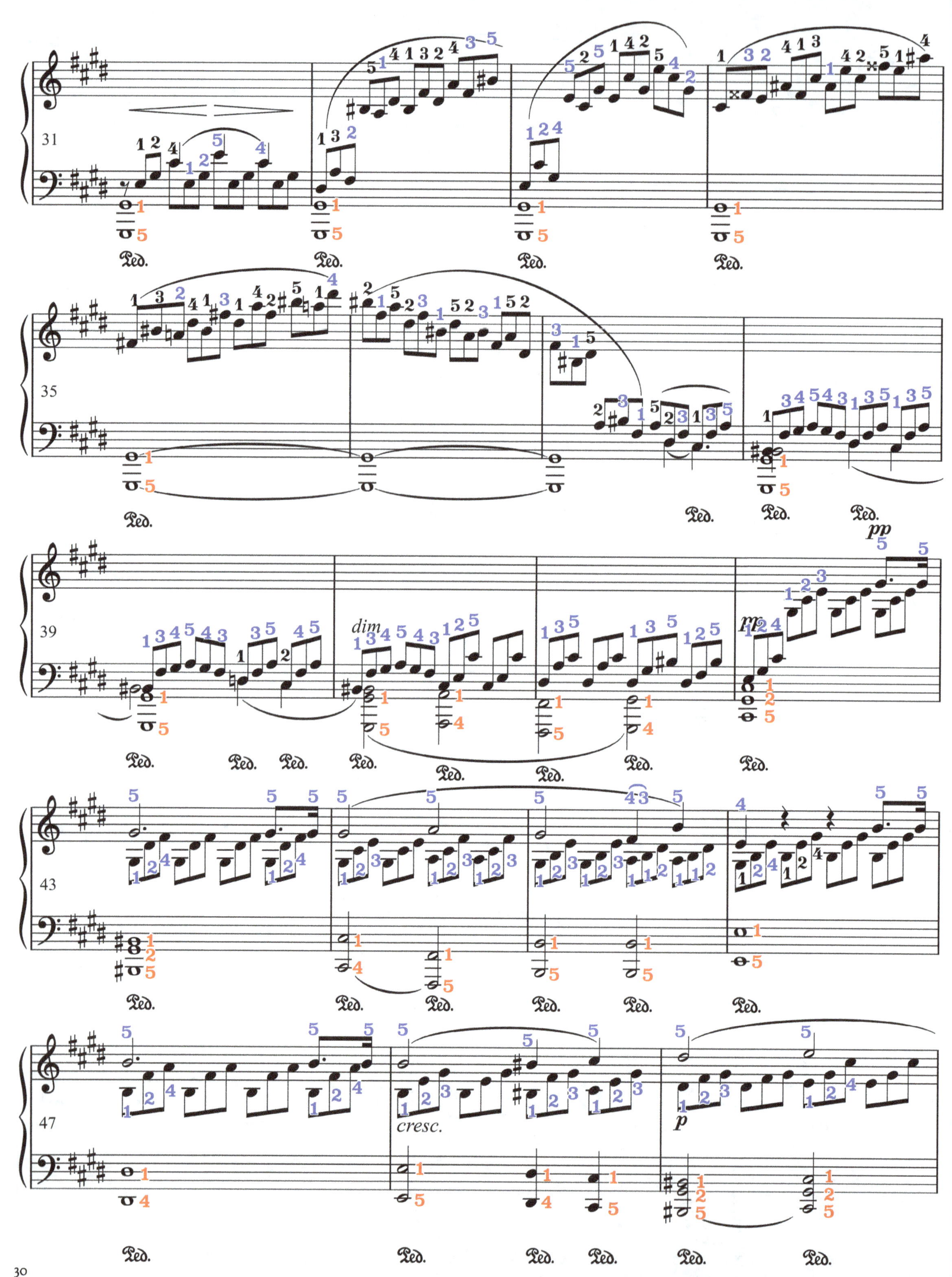

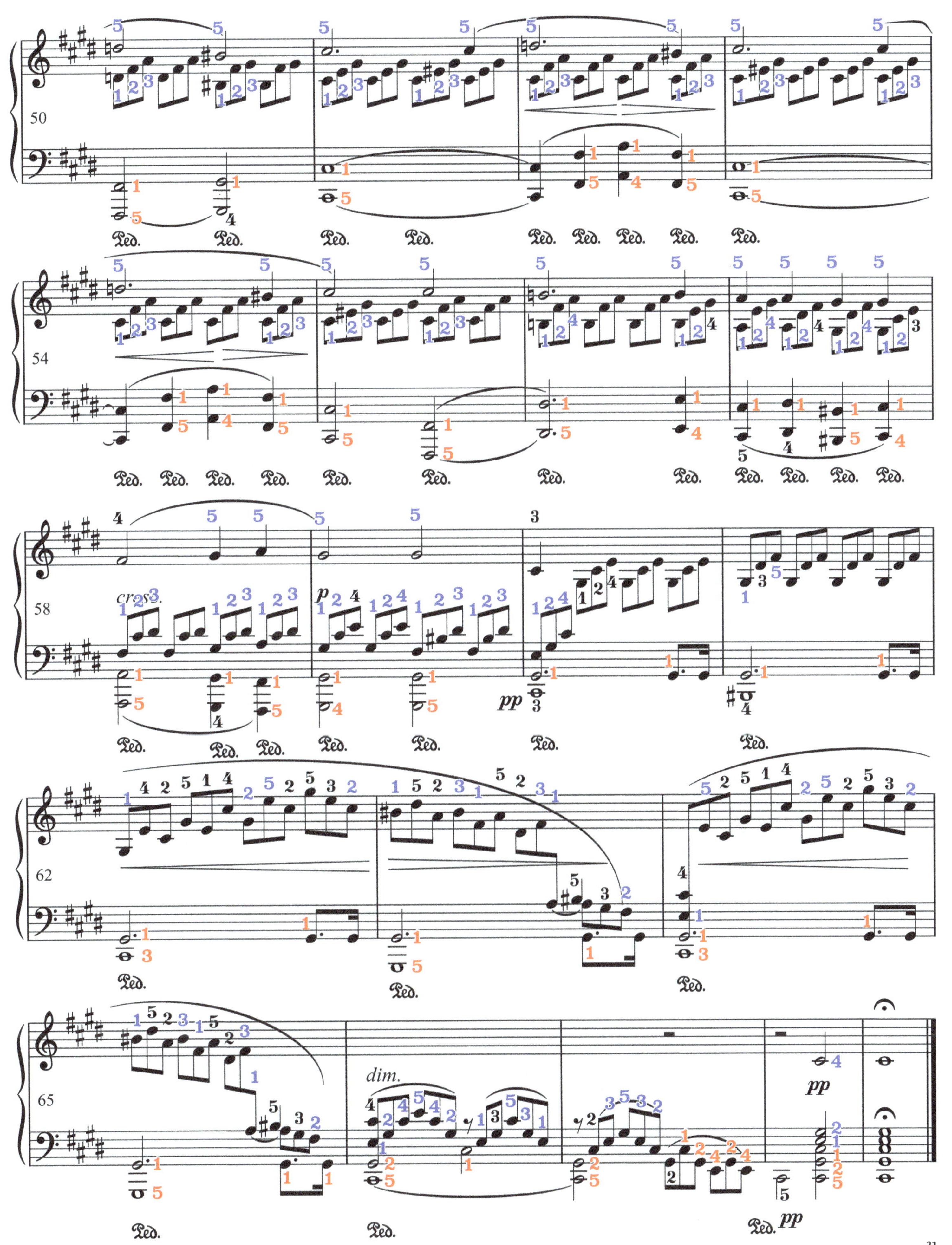

Sonate No. 14, *Moonlight*

1st Movement

Opus 27 No. 2

Ludwig van Beethoven
(1770–1827)

Adagio sostenuto

Si deve suonare tutto questo pezzo delicatissimamente e senza sordini

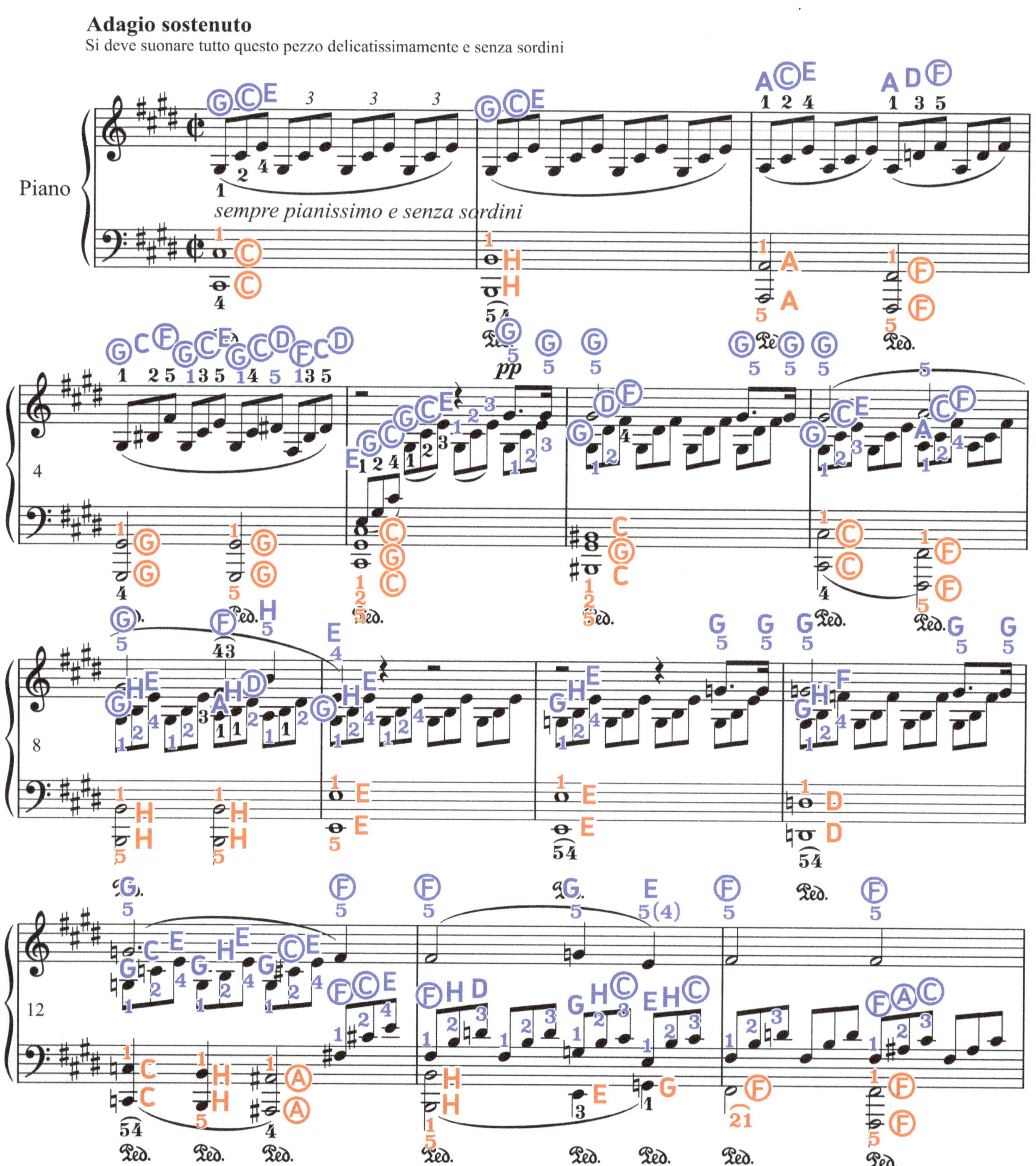

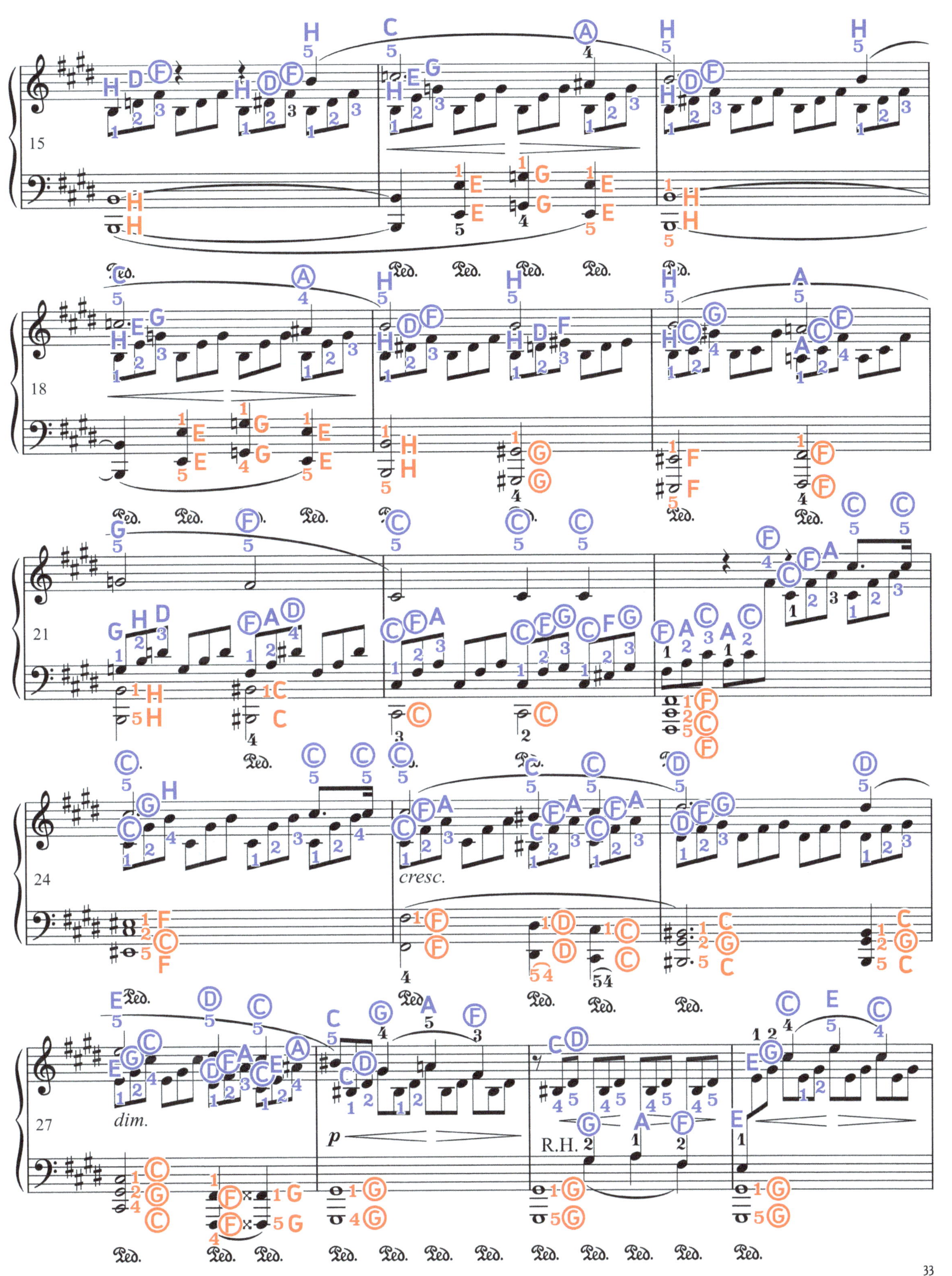

15
18
21
24
27
cresc.
dim.
p
R.H.
Ped.
33

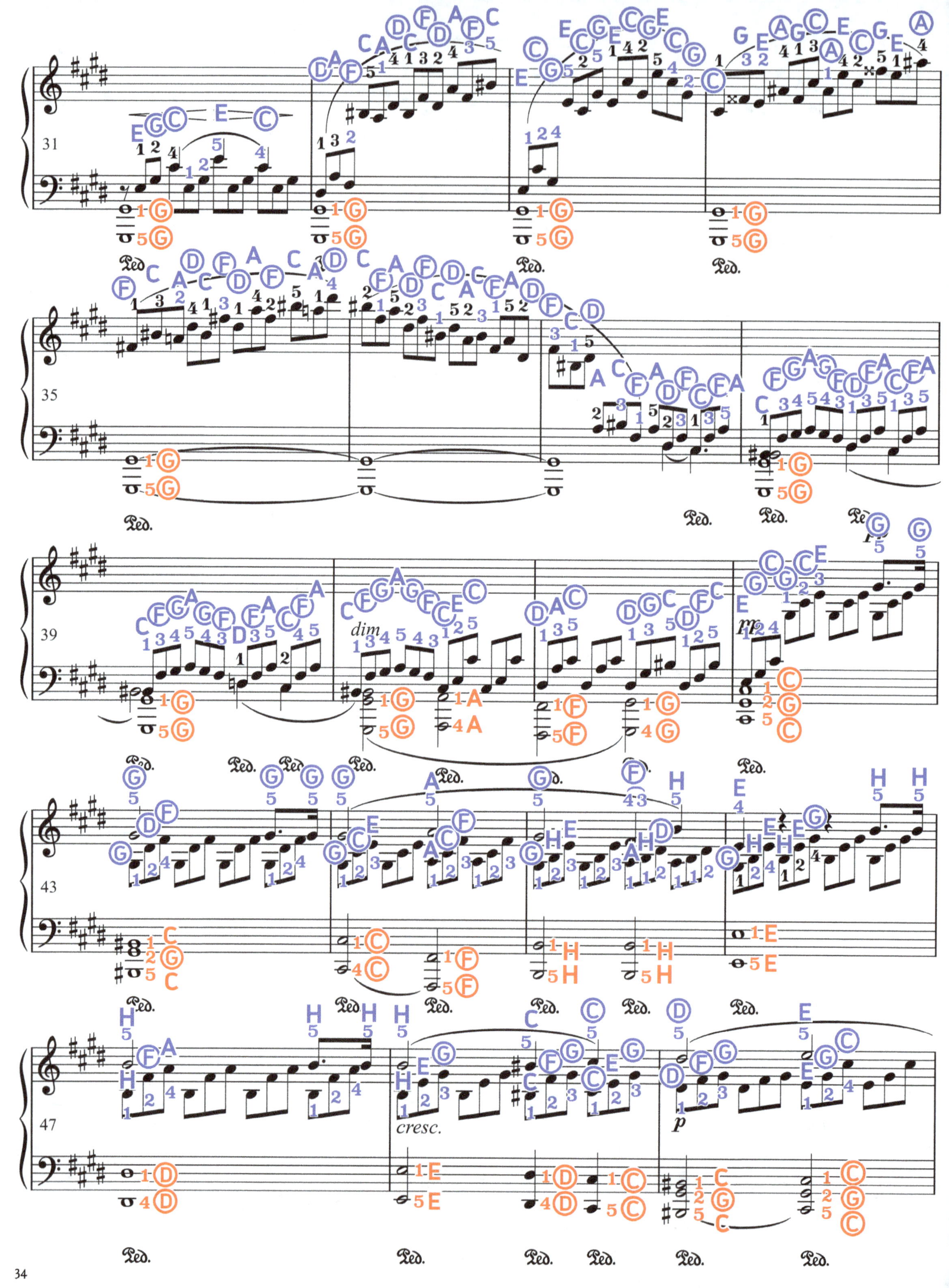

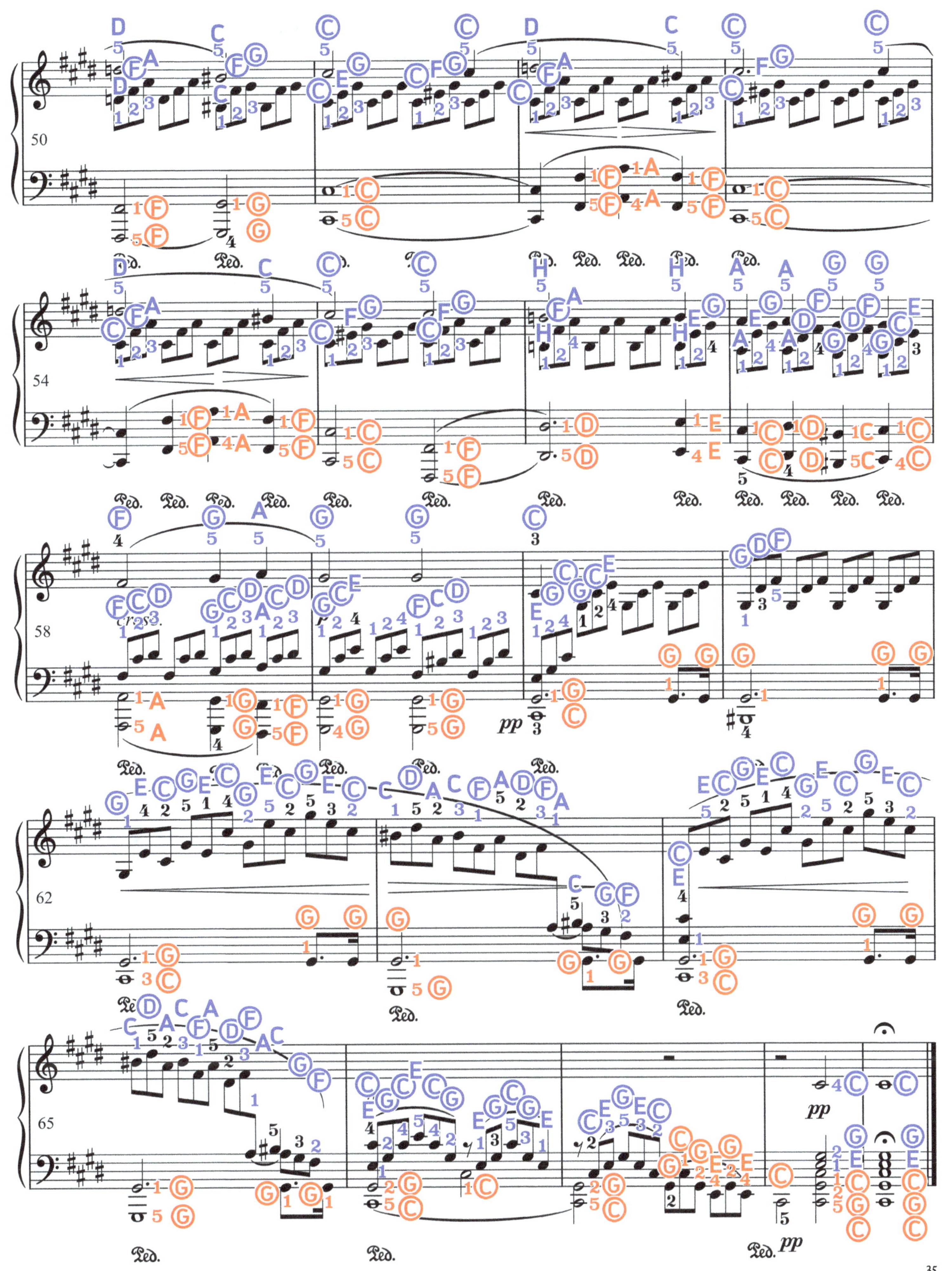

50
54
58
cresc.
pp
62
65
pp
pp
35

LIEBESTRÄUME NR. 3

FRANZ LISZT (1811 - 1886)
Komponiert in As-Dur

GRUNDTHEORIE: NOTEN & SCHLÜSSEL (VORBEREITUNG AUF DAS STÜCK)

Noten der Tonleiter:
As, B, C, Des, Es, F, G

Tonart:
4 Bs (B, Es ,As ,Des)

Paralleltonart:
F-Moll

As-Dur

Link zur Audiodatei:
https://drive.google.com/file/d/1zVoYU6x0kBQVApgjdQ9u8FzJp_5QEVHh/view

Spiele die Tonleiter mit der RECHTEN HAND (2 OKTAVEN). Achte auf VORZEICHEN (Tonart).

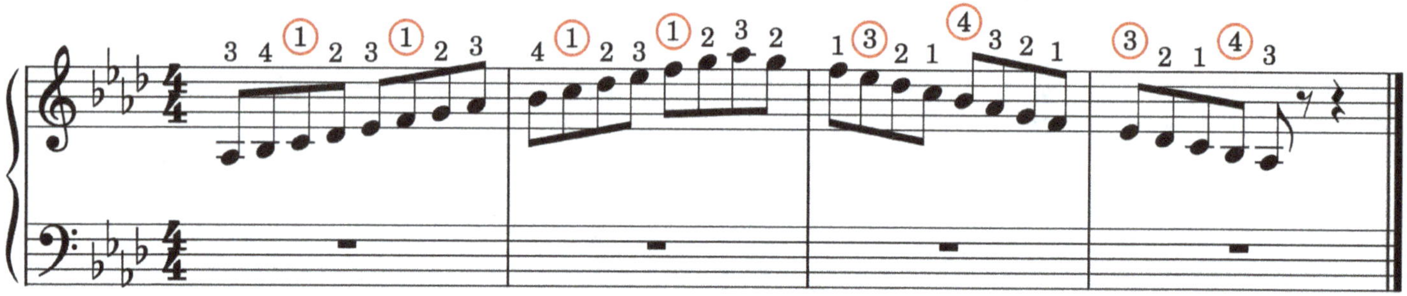

Spiele die Tonleiter mit der LINKEN HAND (2 OKTAVEN). Achte auf VORZEICHEN (Tonart).

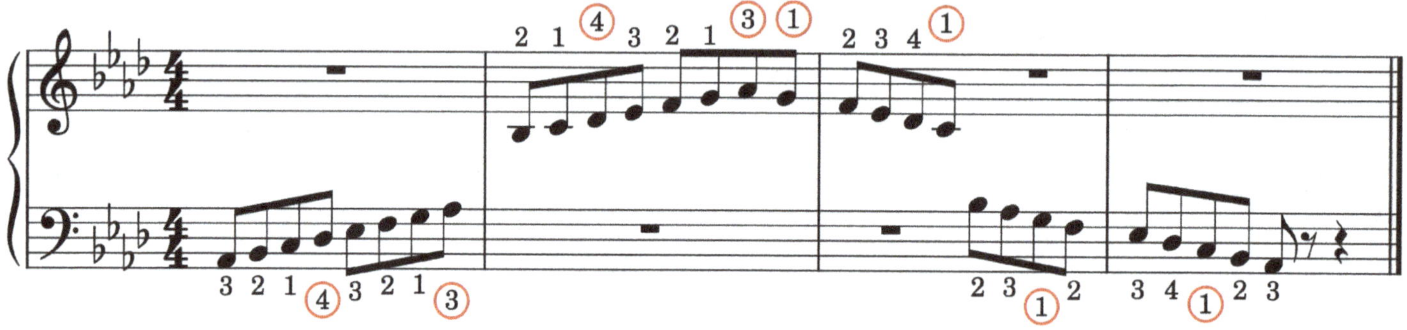

Übe Akkorde & Umkehrungen (BEIDE HÄNDE) 1. & 2. Umkehrung: Grundton 'C' & Grundton 'Es'.

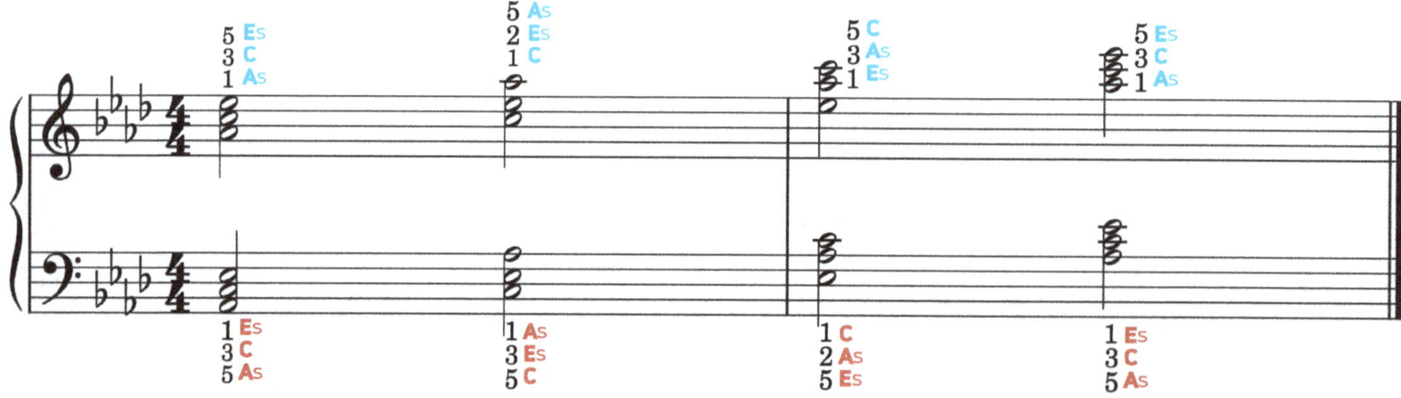

ÜBUNGSTIPPS

„Liebesträume Nr. 3" von Franz Liszt, 1850 komponiert, ist ein typisches Stück der Romantik. Dieses Stück ist bekannt für seine zarte, fließende Melodie und reichen Harmonien. Es hilft Pianisten, ihre Dynamik und Ausdruckskraft zu verbessern und ist eine lohnende Herausforderung für alle, die ihre emotionale Ausdrucksfähigkeit vertiefen möchten.

Die folgenden Tipps werden Ihnen helfen, zu üben und besser zu werden.

1. LANGSAM BEGINNEN

Es ist sehr wichtig jede Note korrekt zu spielen und in einem langsamen Tempo zu beginnen. Somit bauen Sie das notwenige Muskelgedächtnis der Finger auf.

2. FINGER NUMMERIERUNG

Achten Sie besonders auf die Fingernummern. Denken Sie daran das die flüssige Bewegung und Platzierung der Finger und Hände wichtig sind um flüssig zu spielen.

3. NENNEN ODER SINGEN

Noten laut auszusprechen oder zu singen beim Üben kann Ihnen helfen die Position der Töne auf dem Klavier und im Notensystem besser im Gedächtnis zu behalten.

4. HERUNTERBRECHEN

Fokusieren Sie sich auf kleine Sektionen (Sätze) des lernenden Stückes und verbinden Sie kleine Teile zu dem ganzen. Das korrekte Spielen einzelner Sätze gibt Ihnen Sicherheit und Motivation um korrekt zu spielen.

5. GETRENNT DANN ZUSAMMEN

Es ist hilfreich an jeder Hand einzeln zu arbeiten um sich auf die spezifischen Schwierigkeiten zu konzentrieren. Wenn die Hänsde einzeln beherrscht und Sie sich bereit fühlen dann beginnen Sie mit beiden Händen zu spielen.

6. SICH SELBST AUFNEHMEN

Dokumentieren Sie ihre Übungseinheiten, um zu sehen, woran Sie arbeiten müssen und wie Sie sich im Laufe der Zeit verbessern.

7. AUF DEN RYTHMUS ACHTEN

Ein Metronom kann sehr hilfreich sein. Stellen Sie die Geschwindigkeit zunächst auf ein niedriges Niveau ein und mit der Gewöhnung an dies erhöhen Sie das Tempo dann langsam .

8. REGELMÄSSIGES ÜBEN

Konsequentes Üben ist wichtig und der Schlüssel zum Erfolg. Tägliche kurze Übungseinheiten sind besser als seltene lange. Es gilt das gelernte zu verarbeiten in der Pausezeit. Fortschritt und Festigung in der Spielzeit.

9. FINGERWECHSEL BEDENKEN

Komponisten fügen diese Nummern in den originalen Noten hinzu als Hilfe hinzu für glattere Übergänge ein flüssiges Spielen. Denken Sie daran schwierige Passagen durch Optimieren von Fingern zu erleichtern.

10. NOTEN LESEN

Üben Sie das Lesen der Originalpartitur. Bei Unsicherheiten greifen Sie auf die Hilfsversionen zurück. Noten lesen hilft Ihnen, ein besserer Musiker zu werden, mehr Lieder zu lernen und das Anfängerniveau zu überwinden.

Liebesträume No. 3

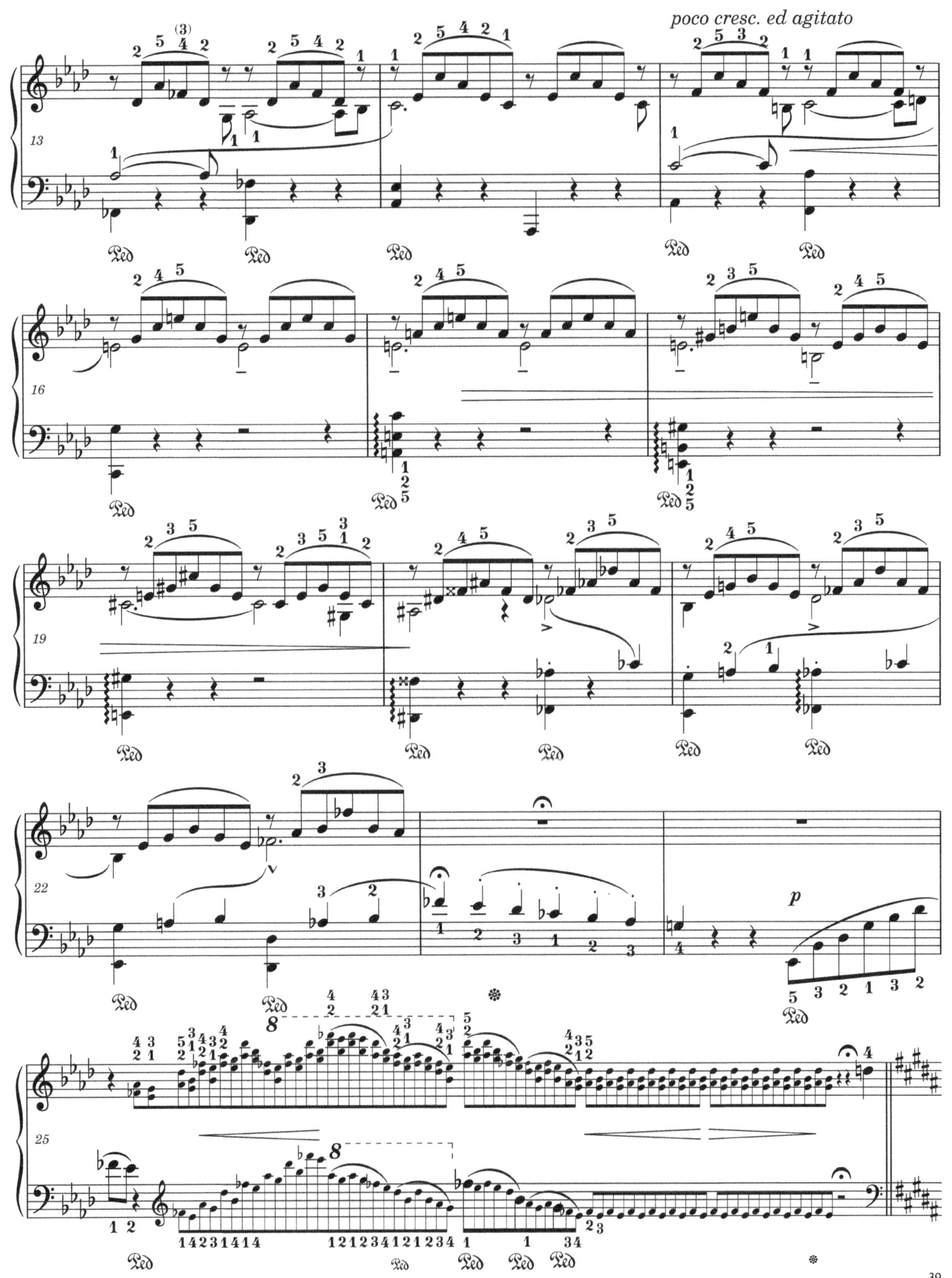

poco cresc. ed agitato

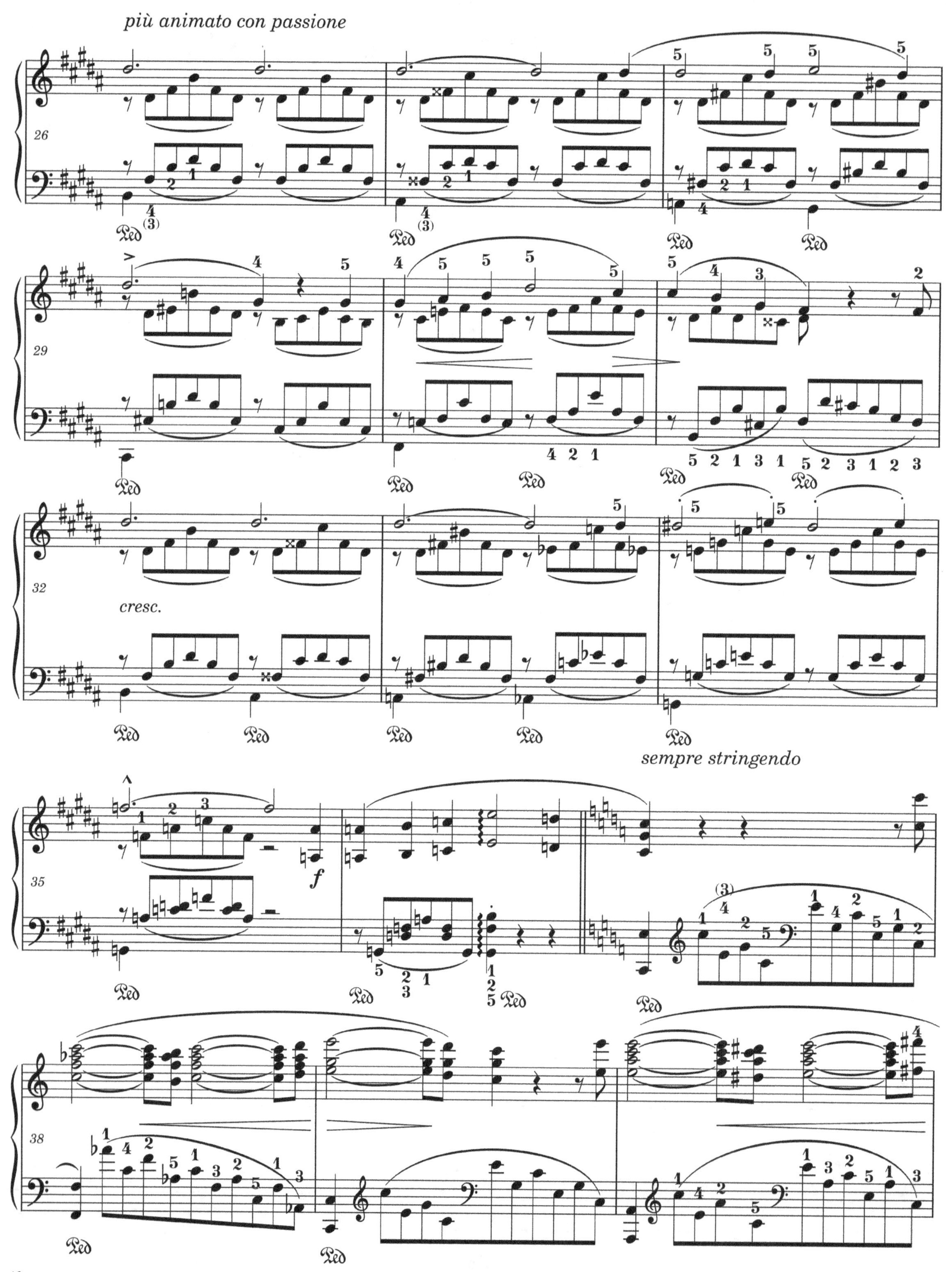

più animato con passione
26
Ped
Ped
Ped
Ped
29
Ped
Ped
Ped
Ped
Ped
32
cresc.
Ped
Ped
Ped
Ped
Ped
sempre stringendo
35
f
Ped
Ped
Ped
Ped
38
Ped
Ped
40

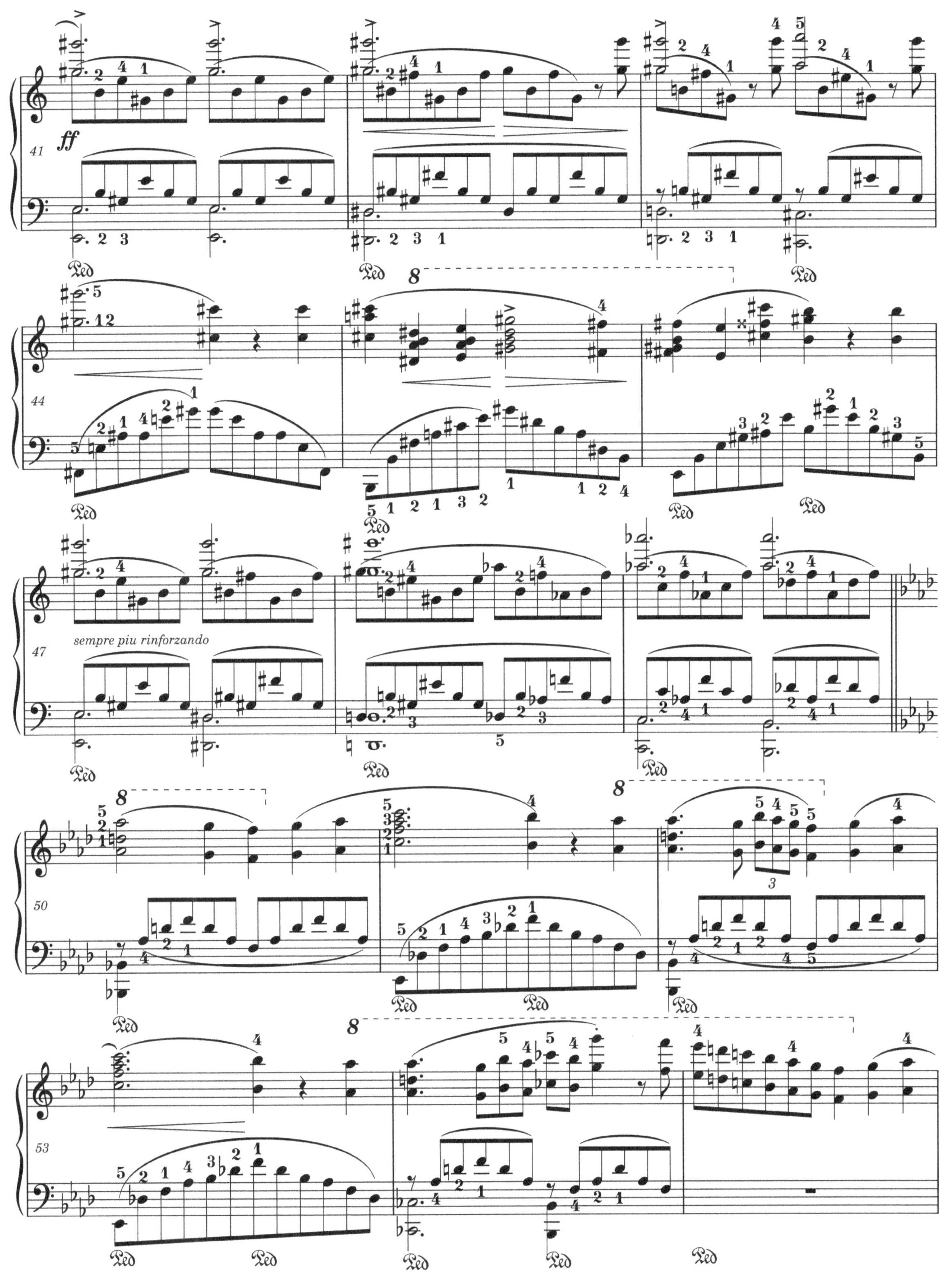
ff
41
sempre piu rinforzando
47
50
53
8
Ped
41

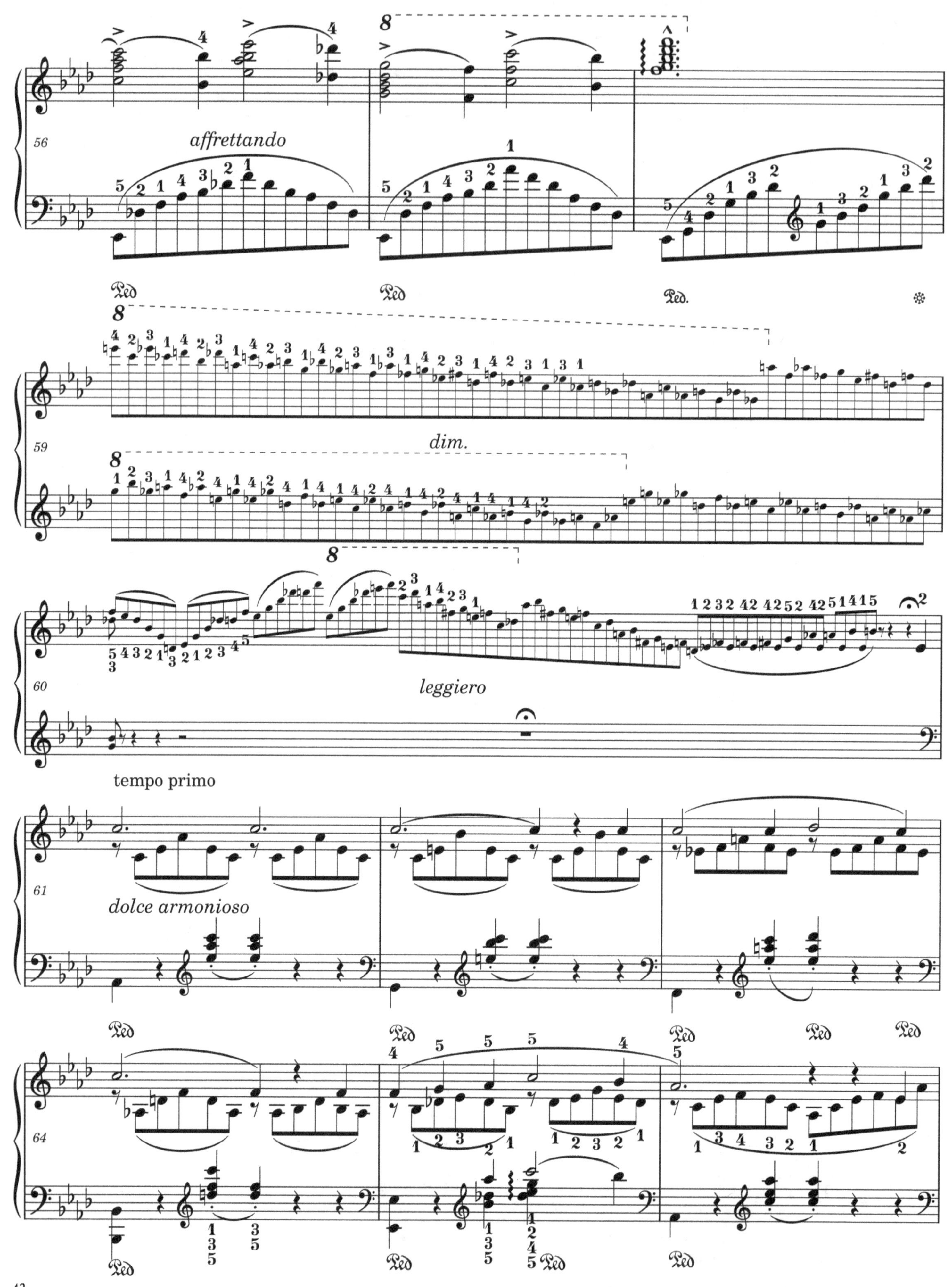

affrettando
dim.
leggiero
tempo primo
dolce armonioso

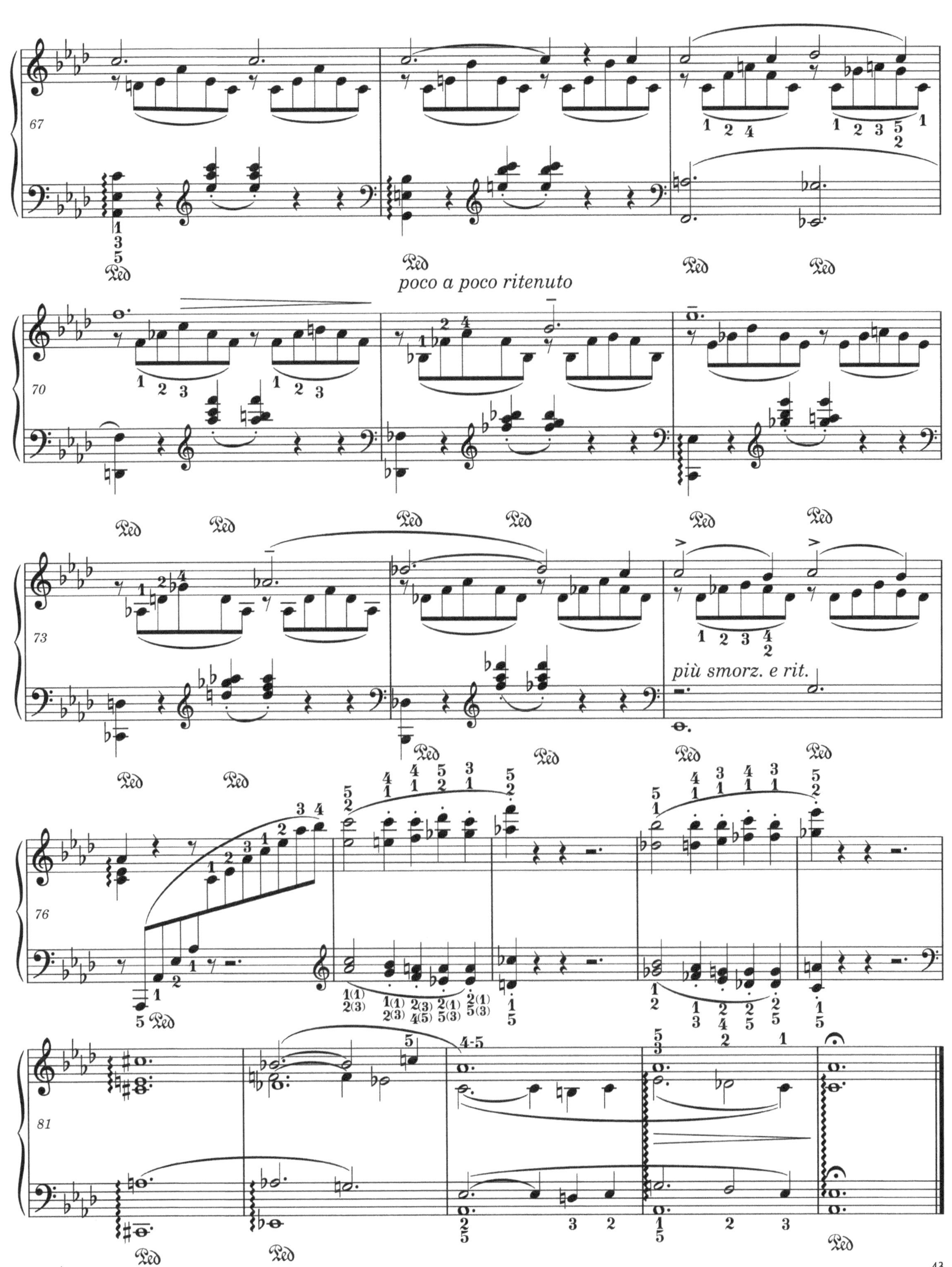

poco a poco ritenuto
più smorz. e rit.
43

Liebesträume No. 3

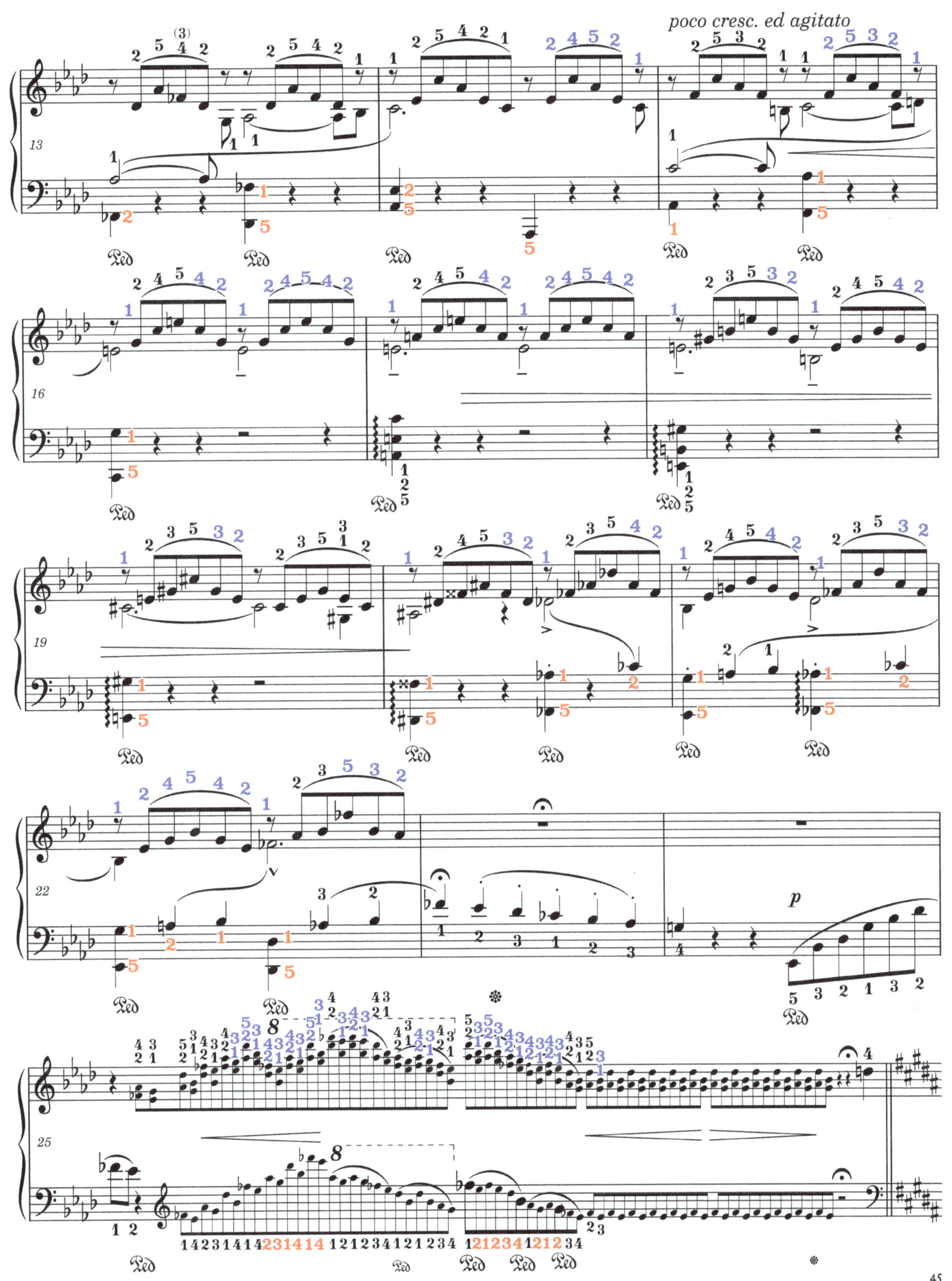

45

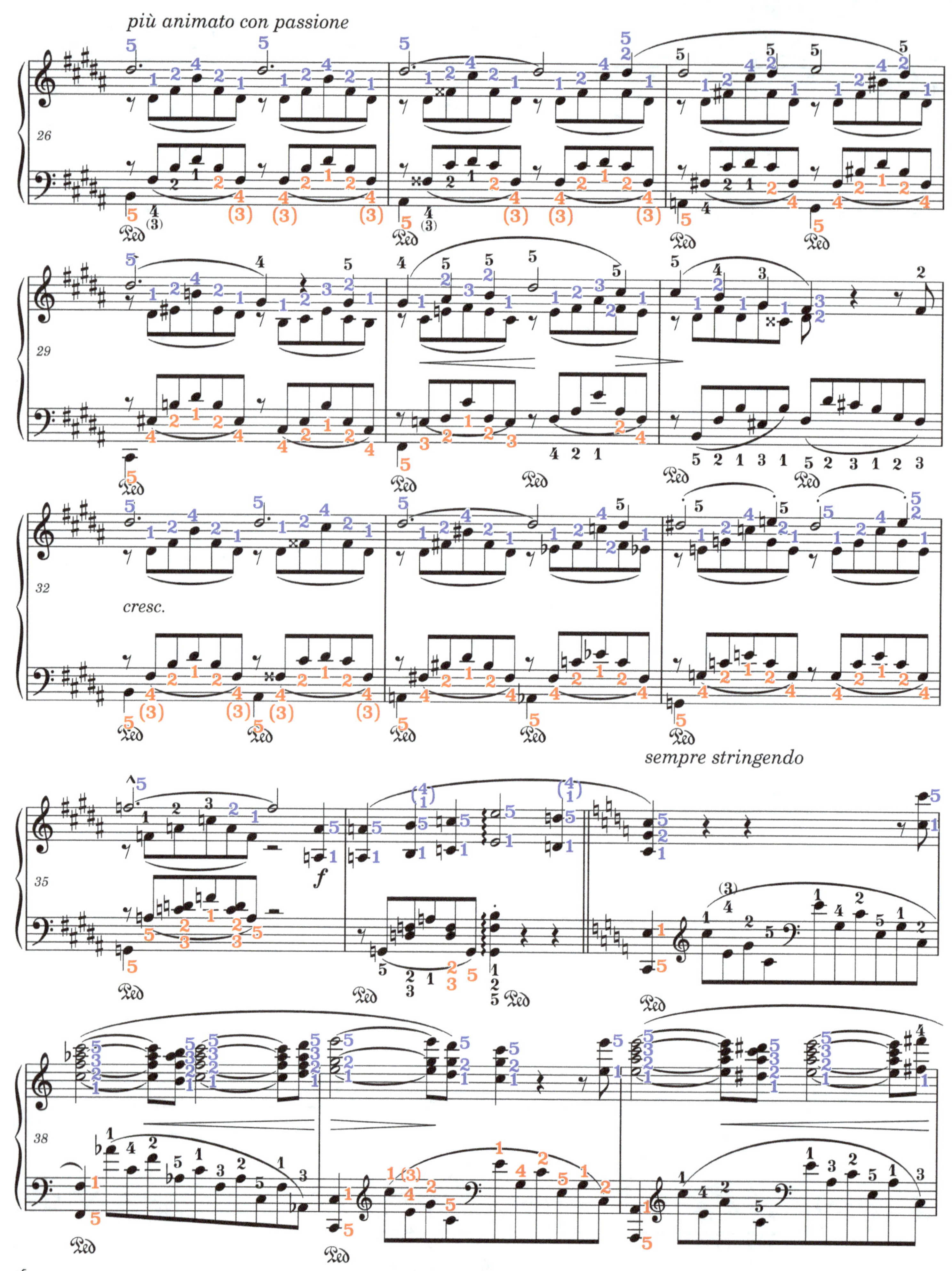

più animato con passione
cresc.
sempre stringendo
f
46

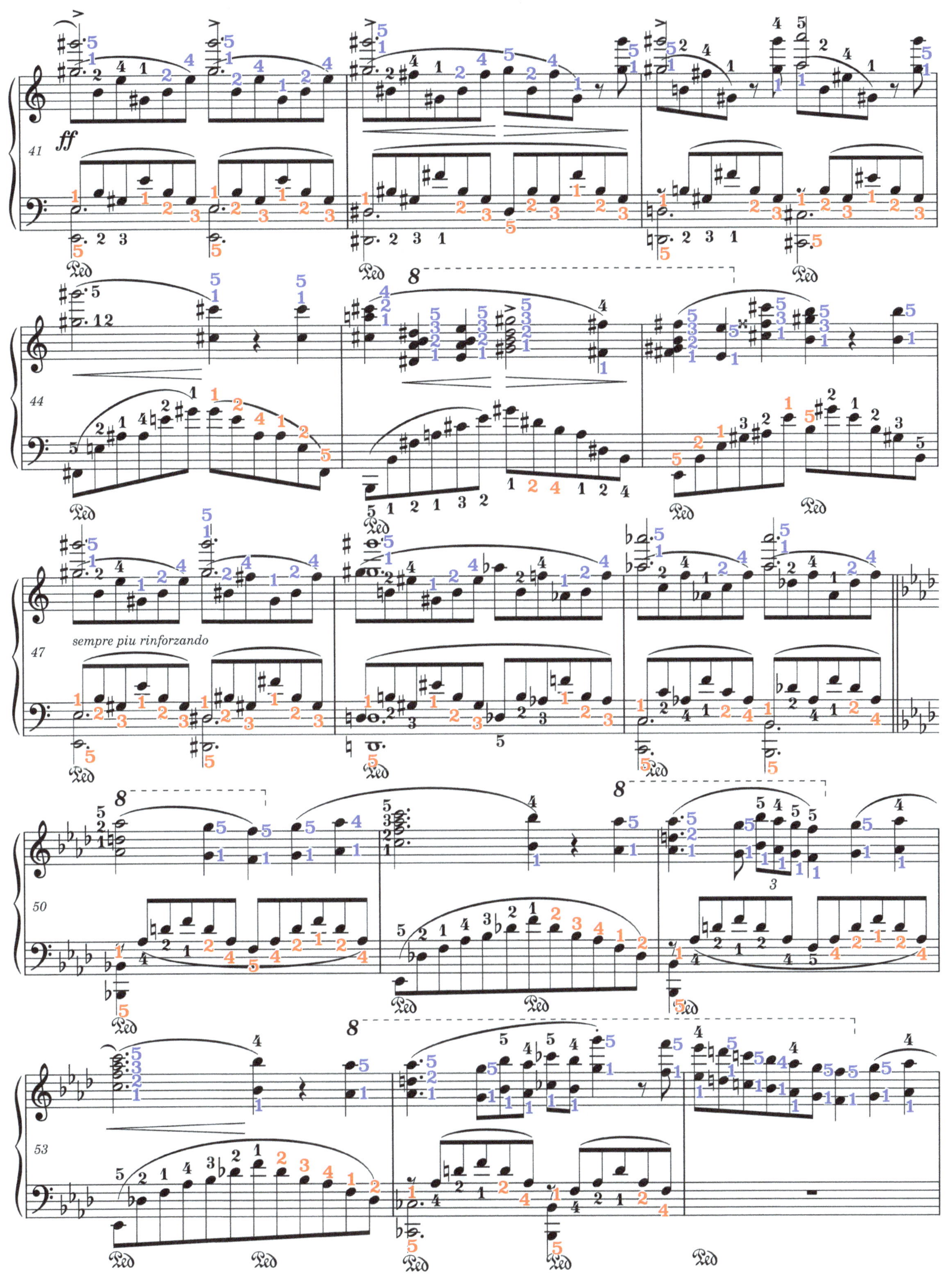
ff
8
sempre piu rinforzando
8
8
8
47

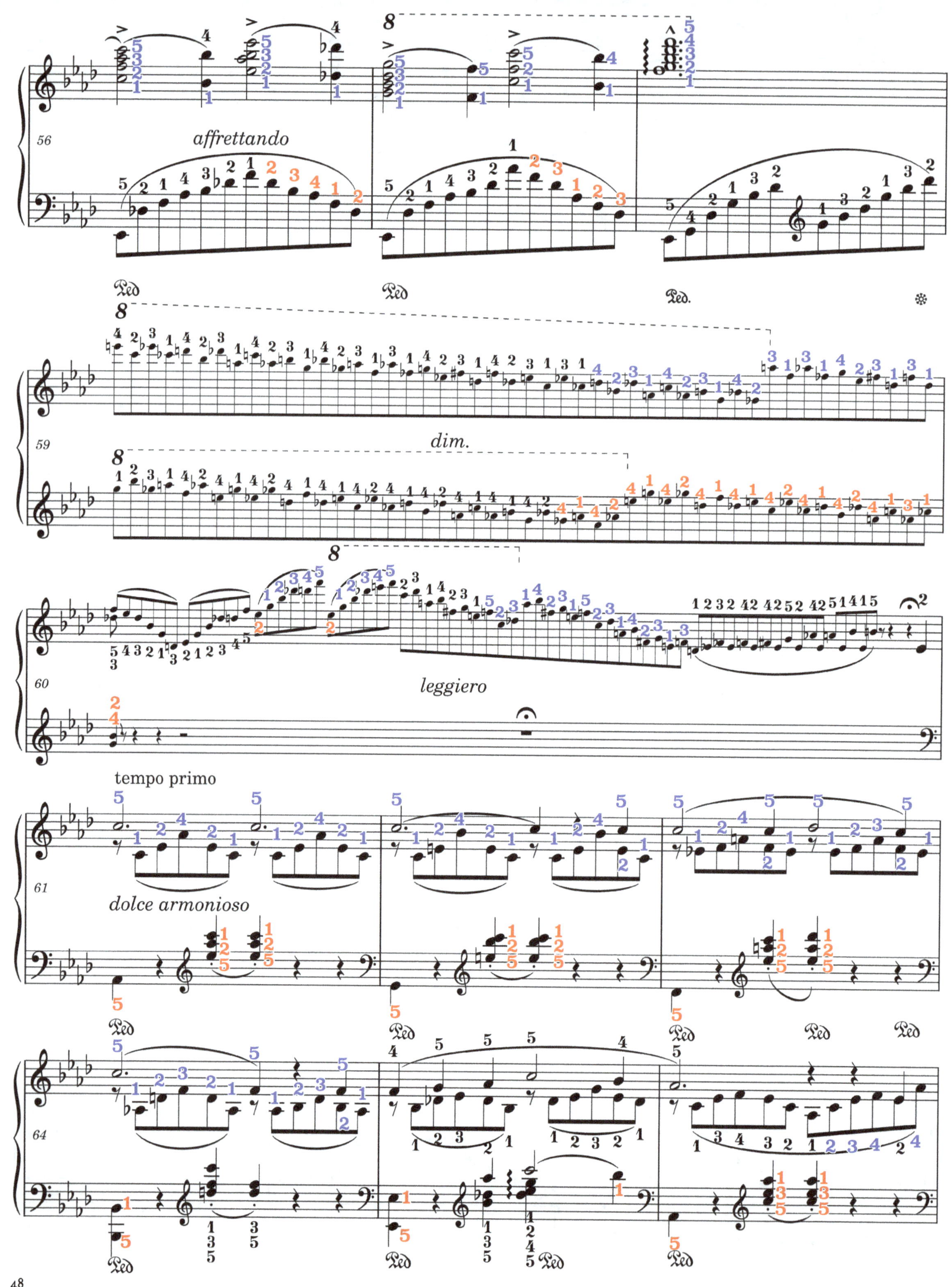

56
affrettando
Ped
Ped
Ped.
8
59
dim.
8
8
leggiero
2
tempo primo
dolce armonioso
Ped
Ped
5
5
5
5
5
4
61
Ped
Ped
5
5
5
4
64
Ped
Ped
Ped
48

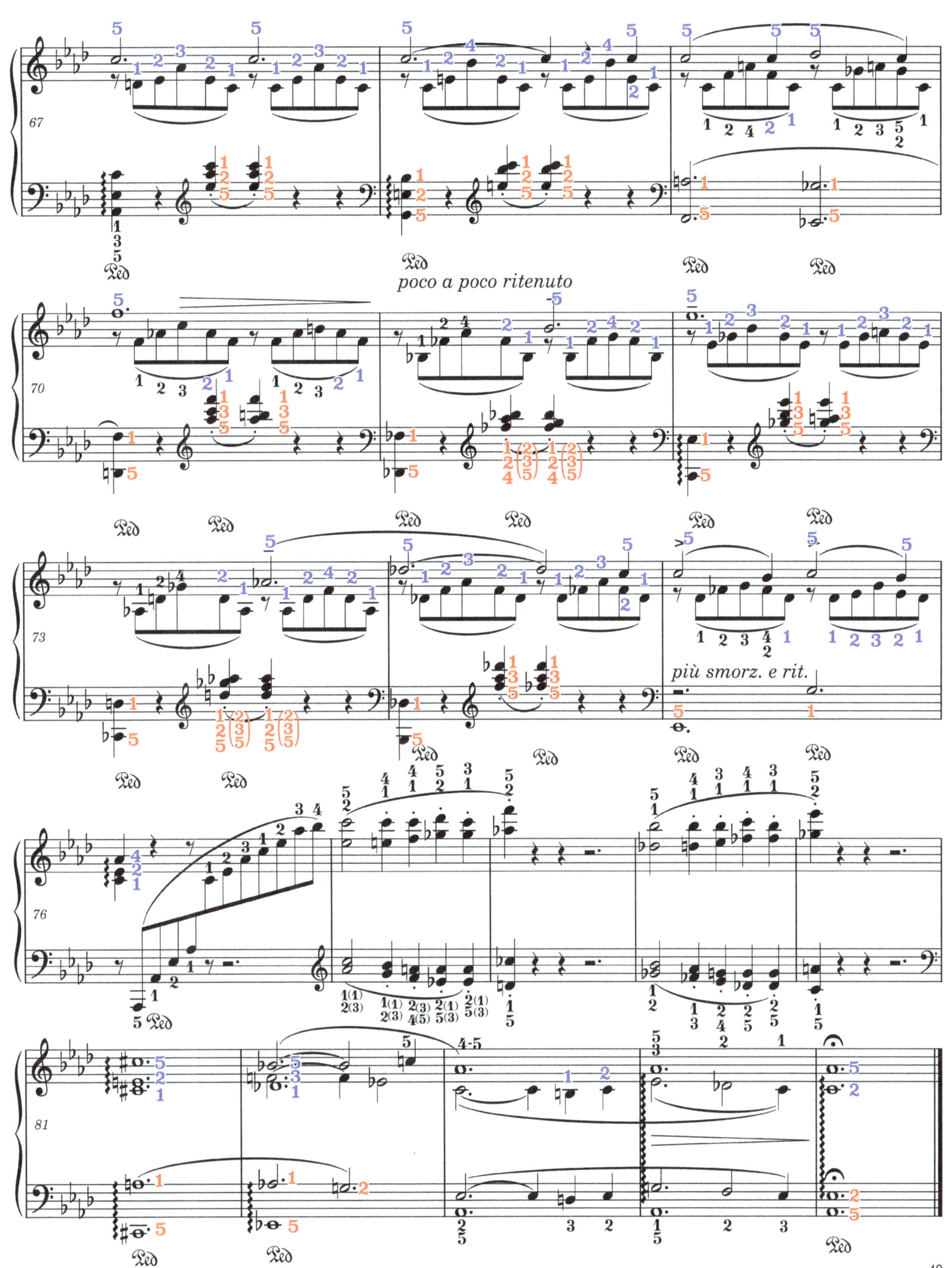
poco a poco ritenuto
più smorz. e rit.

Liebesträume No. 3

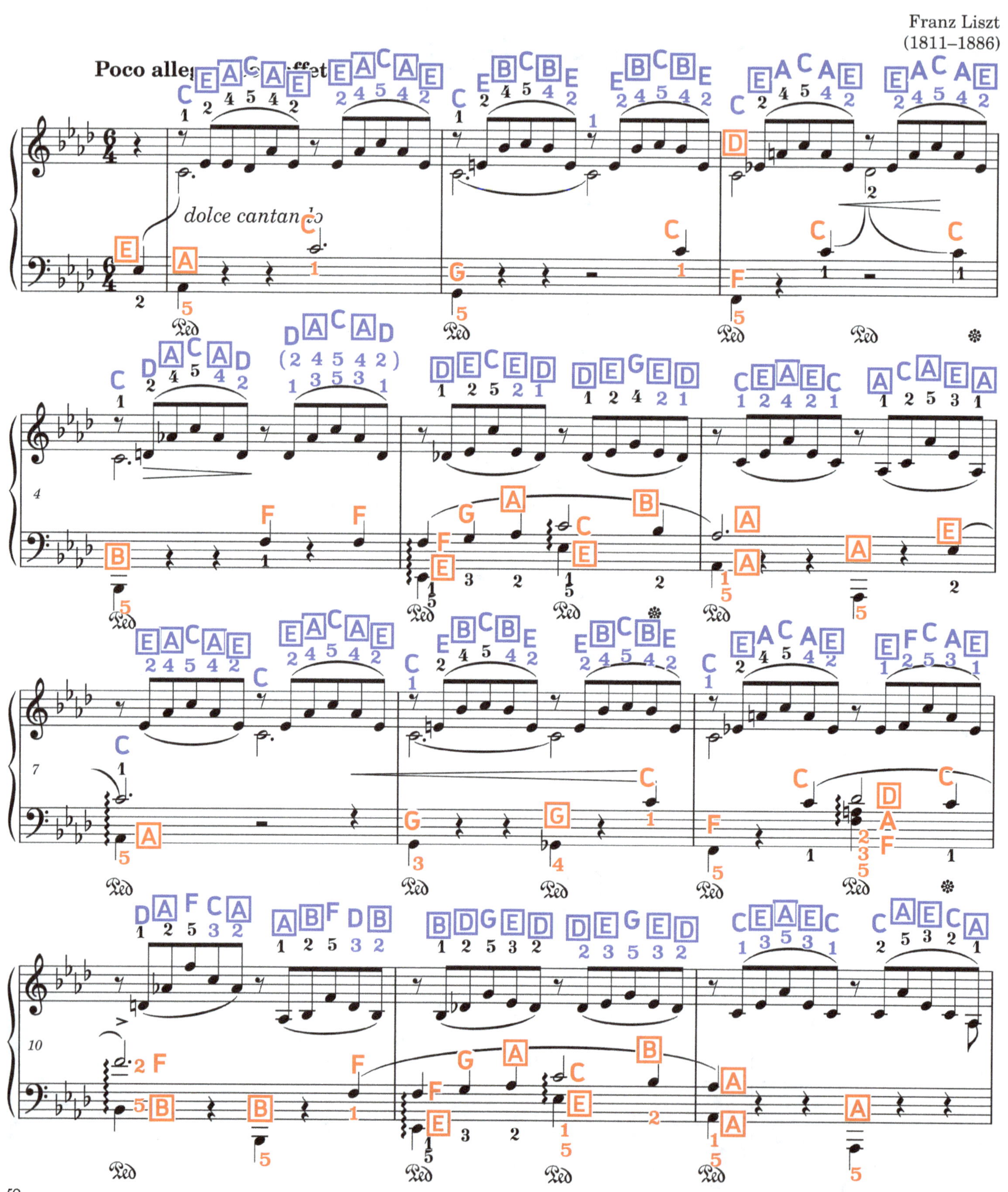

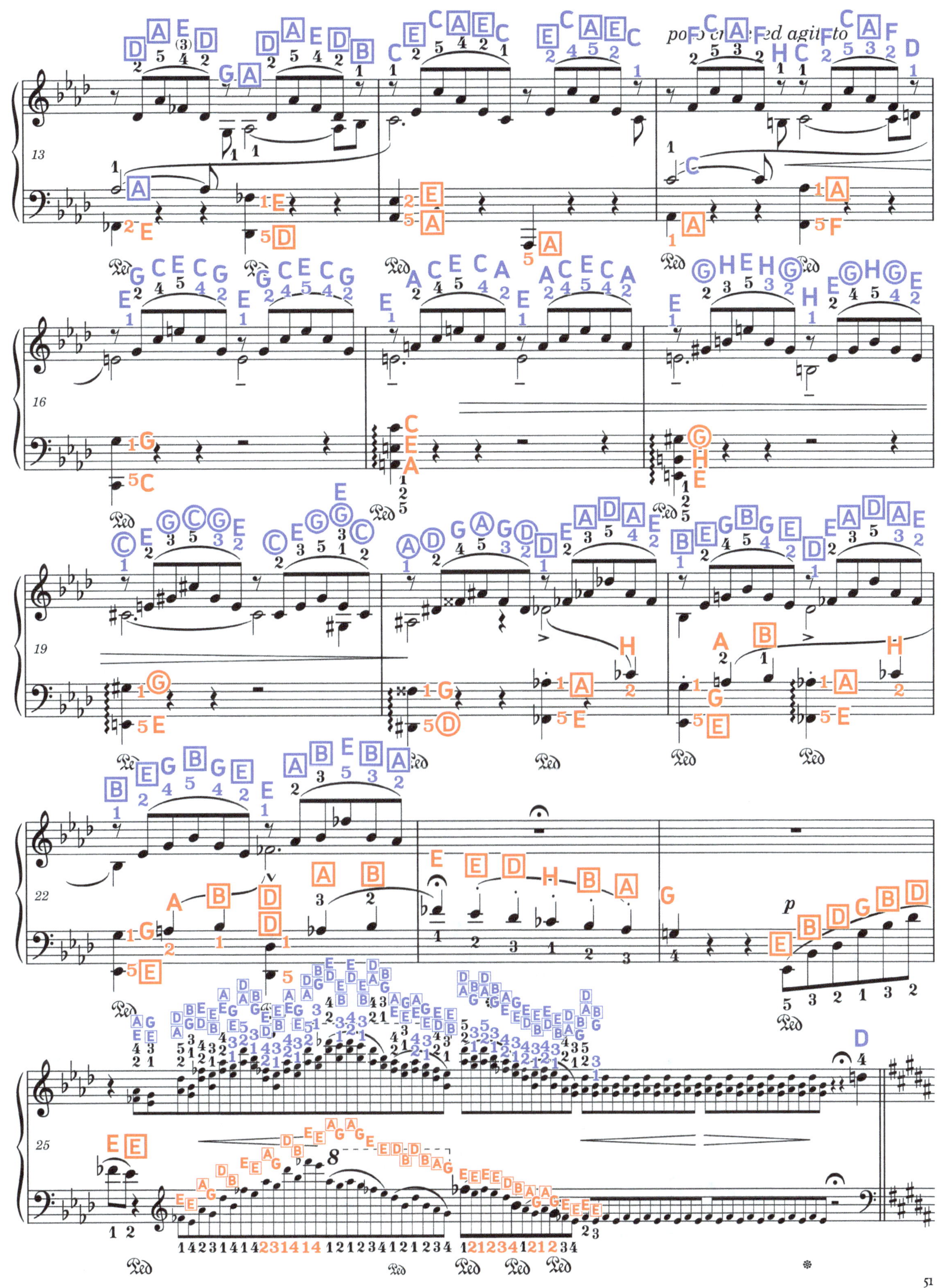
poco crescend agitato
p
51

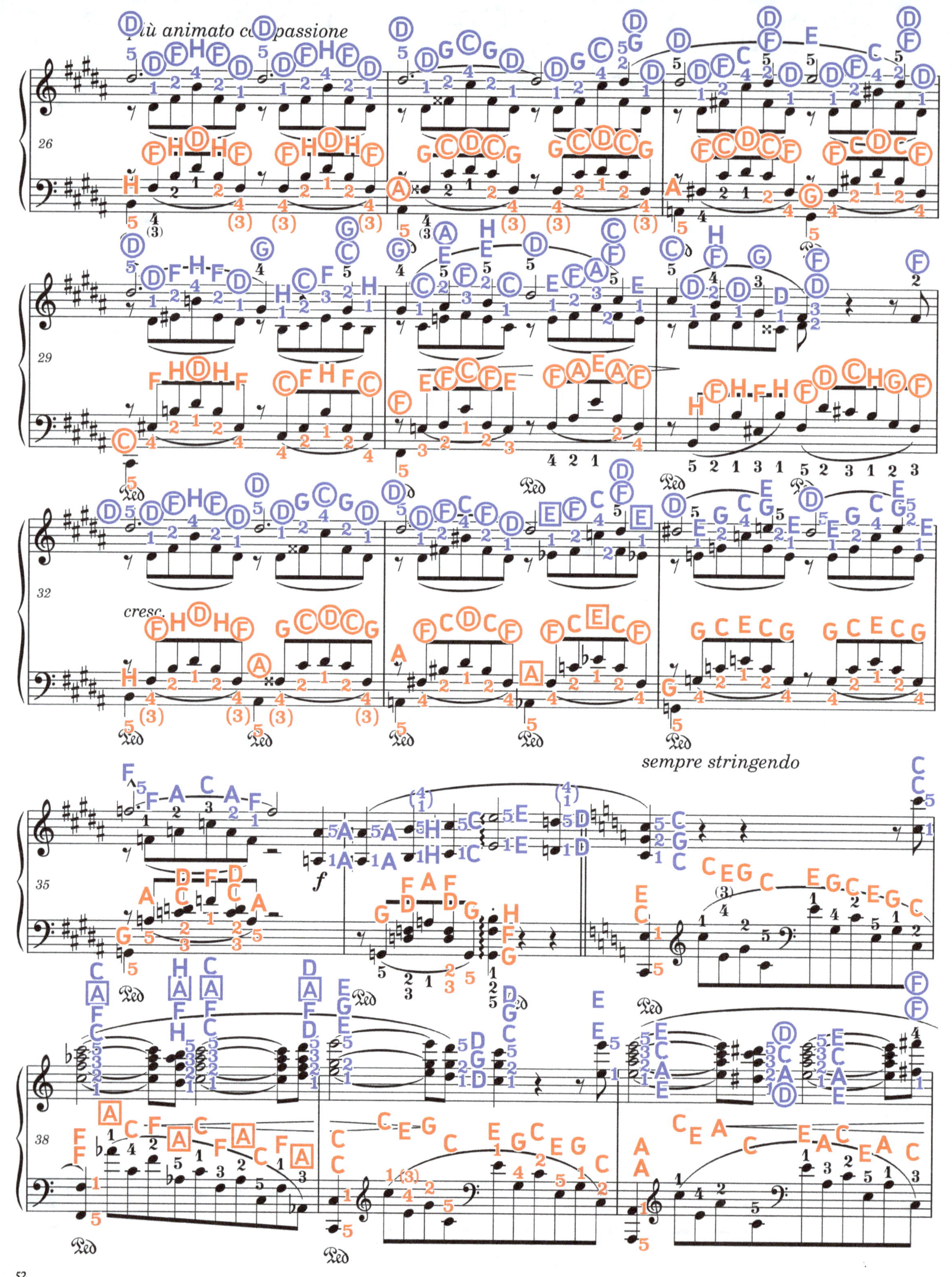

Più animato con passione
26
cresc.
sempre stringendo
f
Ped
52

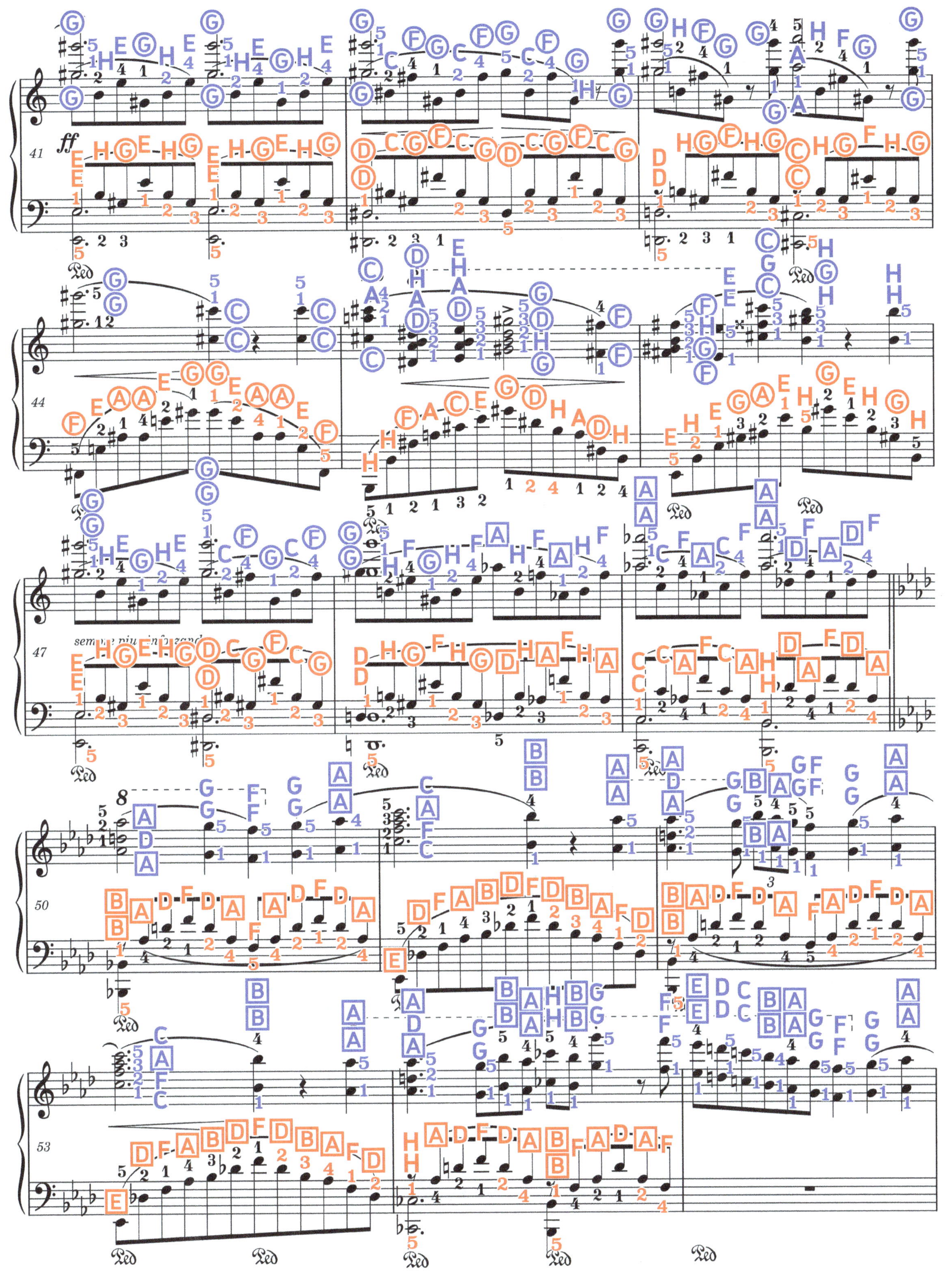

ff
41
semore piu rinforzando
47
50
53
53

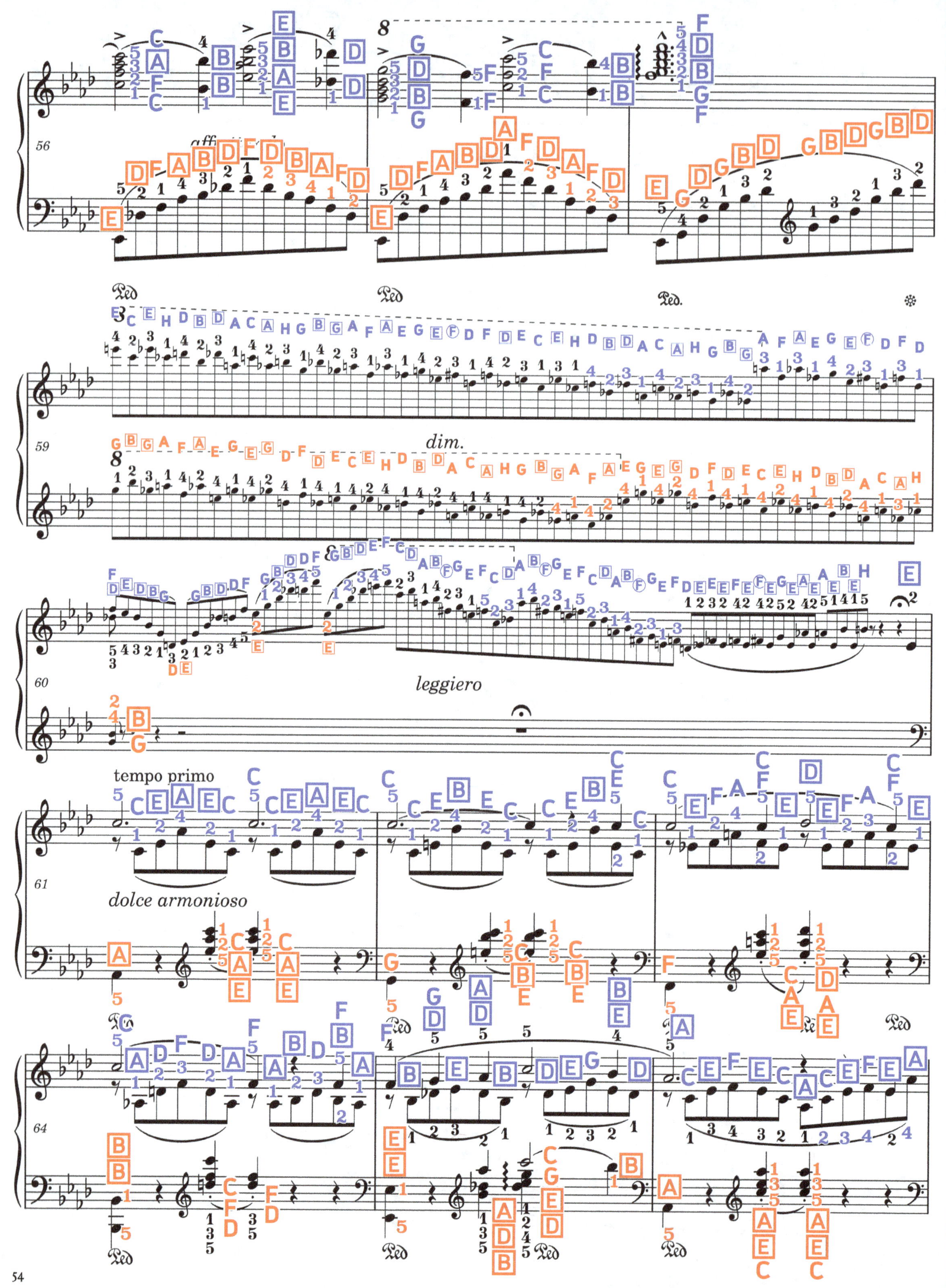

56
affrett.
Ped
Ped
Ped.
8
dim.
leggiero
tempo primo
dolce armonioso
Ped
59
60
61
64
Ped
Ped
Ped
54

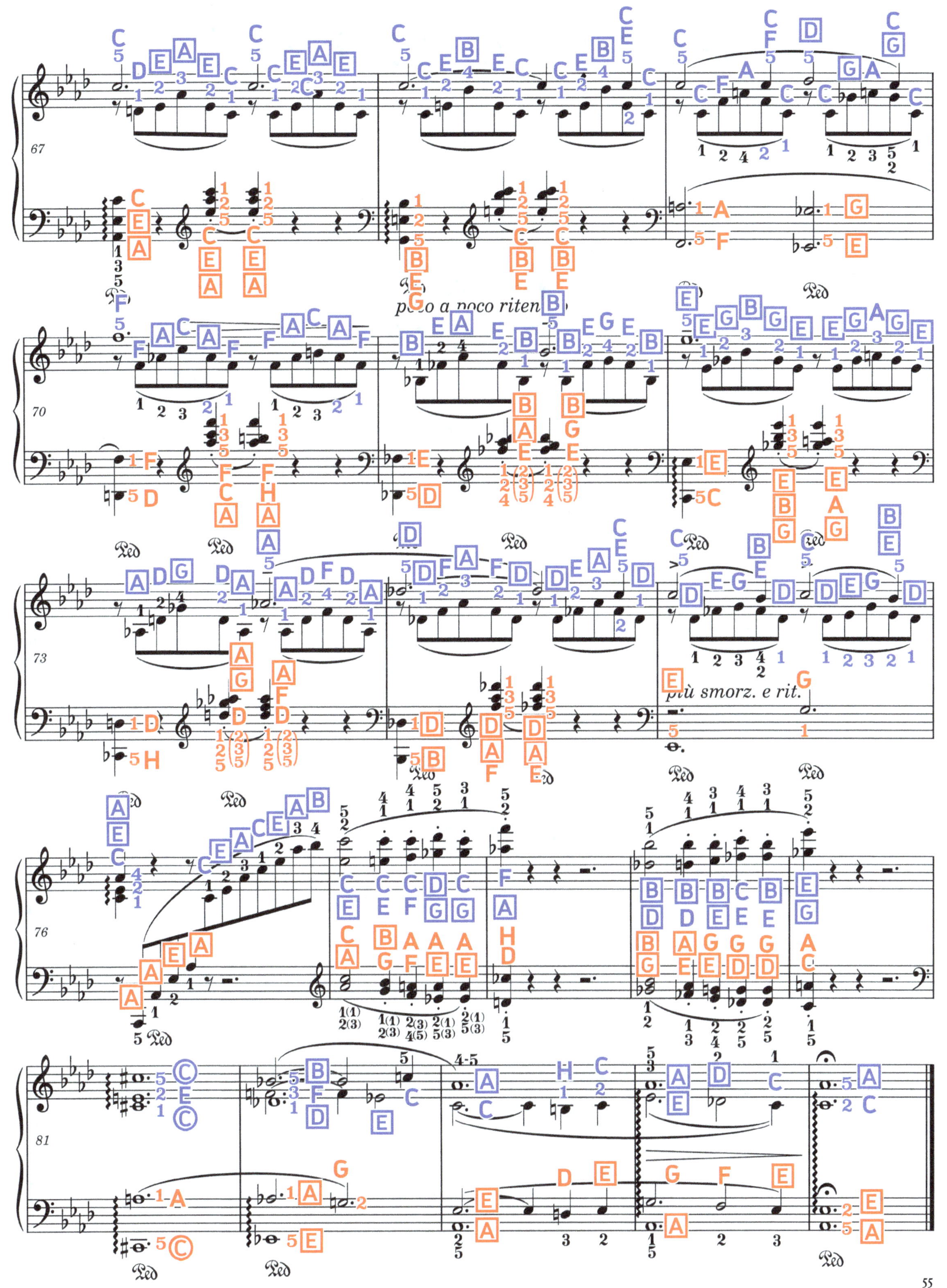
poco a poco ritenuto
più smorz. e rit.
Ped
55

NOCTURNE OP.9 NR.2

FRÉDÉRIC CHOPIN (1810 - 1849)

Komponiert in Es-Dur

GRUNDTHEORIE: NOTEN & SCHLÜSSEL (VORBEREITUNG AUF DAS STÜCK)

Noten der Tonleiter:
Es, F, G, As, B, C, D

Paralleltonart:
C-Moll

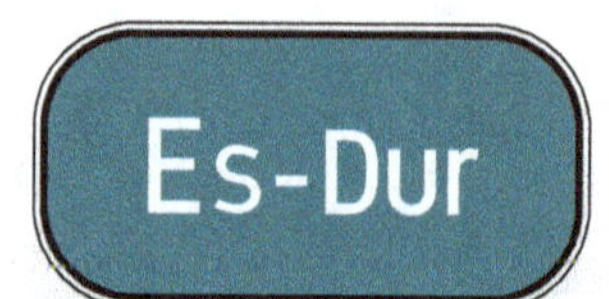

Tonart:
3 Bs (B, Es, As)

Link zur Audiodatei:
https://drive.google.com/file/d/1qGyPXkbL3
1DpV4671Q5GlVMnCRYqpdd/view?usp=sharing

Spiele die Tonleiter mit der RECHTEN HAND (2 OKTAVEN). Achte auf VORZEICHEN (Tonart).

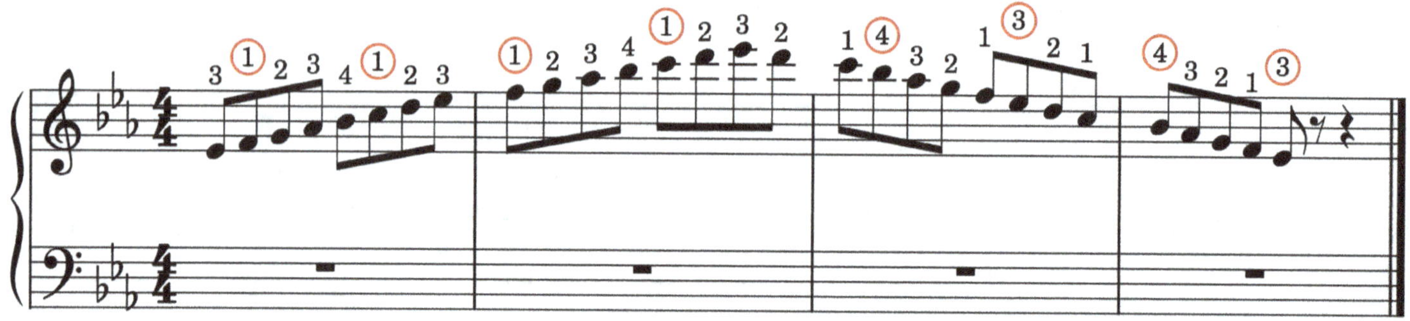

Spiele die Tonleiter mit der LINKEN HAND (2 OKTAVEN). Achte auf VORZEICHEN (Tonart).

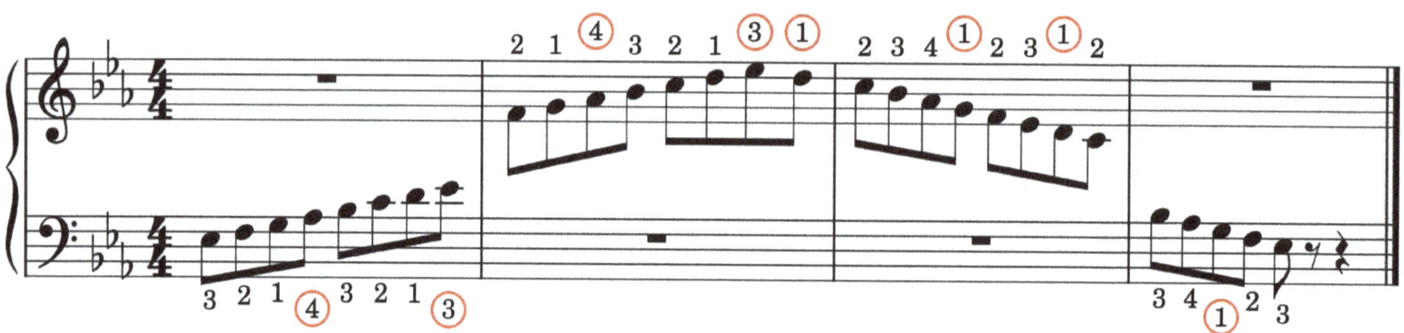

Übe Akkorde & Umkehrungen (BEIDE HÄNDE) 1. & 2. Umkehrung: Grundton 'G' & Grundton 'B'.

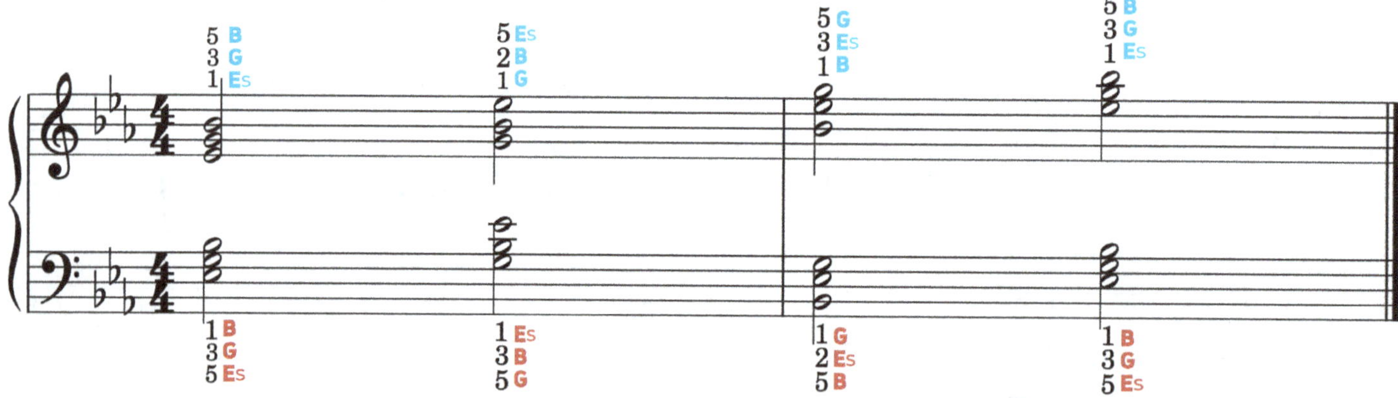

ÜBUNGSTIPPS

Frédéric Chopins „Nocturne Op. 9 Nr. 2" ist ein bekanntes romantisches Stück mit fließenden Verzierungen. Es bietet die Möglichkeit, das Ausdrucksspiel und die Berührung am Klavier zu verbessern, indem man Emotionen durch feine Dynamik und Rubato vermittelt. Rubato ist eine Technik, bei der das Tempo flexibel angepasst wird, um die Ausdruckskraft der Musik zu verstärken.

Die folgenden Tipps werden Ihnen helfen, zu üben und besser zu werden.

1. LANGSAM BEGINNEN

Es ist sehr wichtig jede Note korrekt zu spielen und in einem langsamen Tempo zu beginnen. Somit bauen Sie das notwenige Muskelgedächtnis der Finger auf.

2. FINGER NUMMERIERUNG

Achten Sie besonders auf die Fingernummern. Denken Sie daran das die flüssige Bewegung und Platzierung der Finger und Hände wichtig sind um flüssig zu spielen.

3. NENNEN ODER SINGEN

Noten laut auszusprechen oder zu singen beim Üben kann Ihnen helfen die Position der Töne auf dem Klavier und im Notensystem besser im Gedächtnis zu behalten.

4. HERUNTERBRECHEN

Fokusieren Sie sich auf kleine Sektionen (Sätze) des lernenden Stückes und verbinden Sie kleine Teile zu dem ganzen. Das korrekte Spielen einzelner Sätze gibt Ihnen Sicherheit und Motivation um korrekt zu spielen.

5. GETRENNT DANN ZUSAMMEN

Es ist hilfreich an jeder Hand einzeln zu arbeiten um sich auf die spezifischen Schwierigkeiten zu konzentrieren. Wenn die Hänsde einzeln beherrscht und Sie sich bereit fühlen dann beginnen Sie mit beiden Händen zu spielen.

6. SICH SELBST AUFNEHMEN

Dokumentieren Sie ihre Übungseinheiten, um zu sehen, woran Sie arbeiten müssen und wie Sie sich im Laufe der Zeit verbessern.

7. AUF DEN RYTHMUS ACHTEN

Ein Metronom kann sehr hilfreich sein. Stellen Sie die Geschwindigkeit zunächst auf ein niedriges Niveau ein und mit der Gewöhnung an dies erhöhen Sie das Tempo dann langsam .

8. REGELMÄSSIGES ÜBEN

Konsequentes Üben ist wichtig und der Schlüssel zum Erfolg. Tägliche kurze Übungseinheiten sind besser als seltene lange. Es gilt das gelernte zu verarbeiten in der Pausezeit. Fortschritt und Festigung in der Spielzeit.

9. FINGERWECHSEL BEDENKEN

Komponisten fügen diese Nummern in den originalen Noten hinzu als Hilfe hinzu für glattere Übergänge ein flüssiges Spielen. Denken Sie daran schwierige Passagen durch Optimieren von Fingern zu erleichtern.

10. NOTEN LESEN

Üben Sie das Lesen der Originalpartitur. Bei Unsicherheiten greifen Sie auf die Hilfsversionen zurück. Noten lesen hilft Ihnen, ein besserer Musiker zu werden, mehr Lieder zu lernen und das Anfängerniveau zu überwinden.

Nocturne Op.9 No.2

Chopin

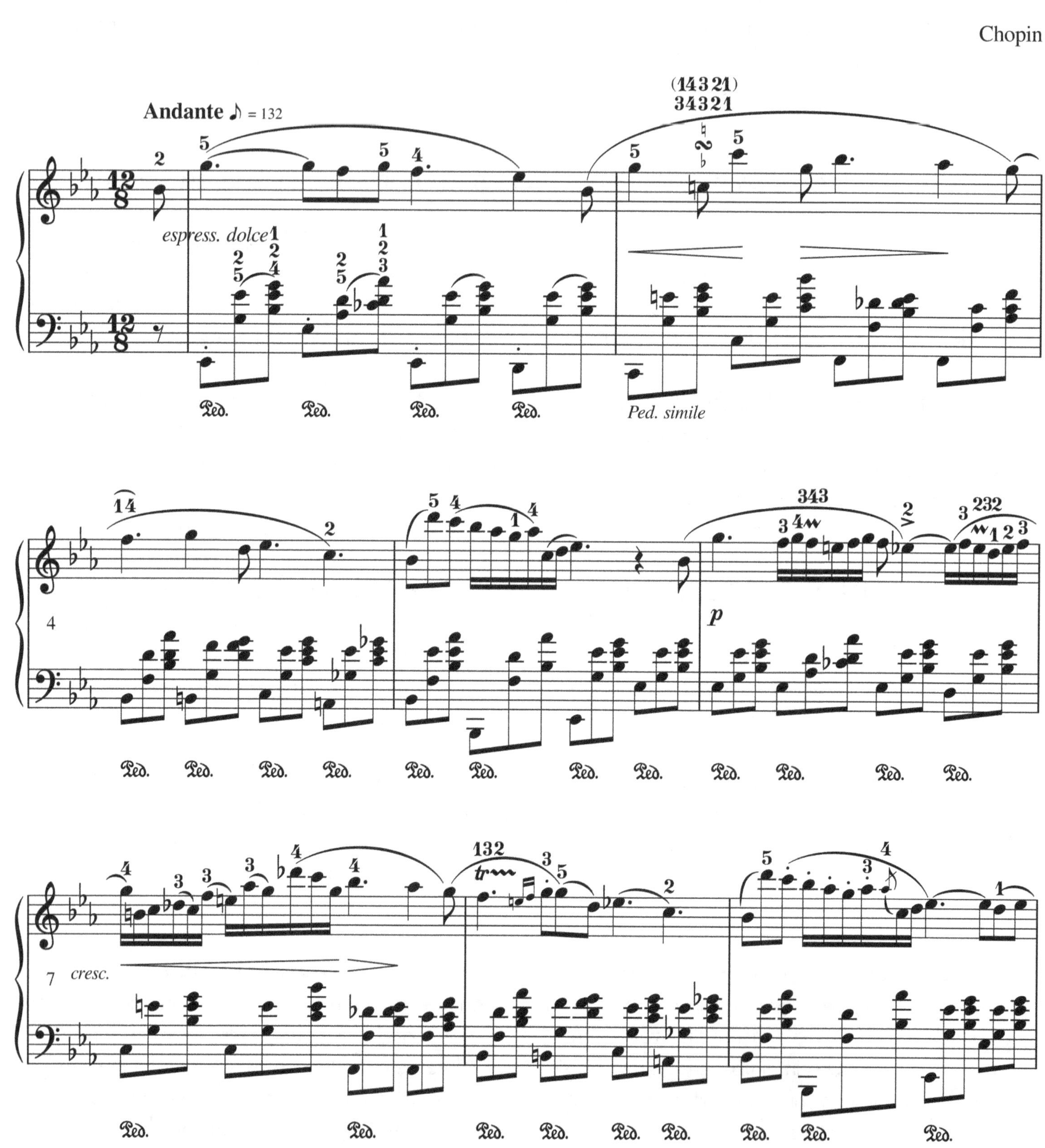

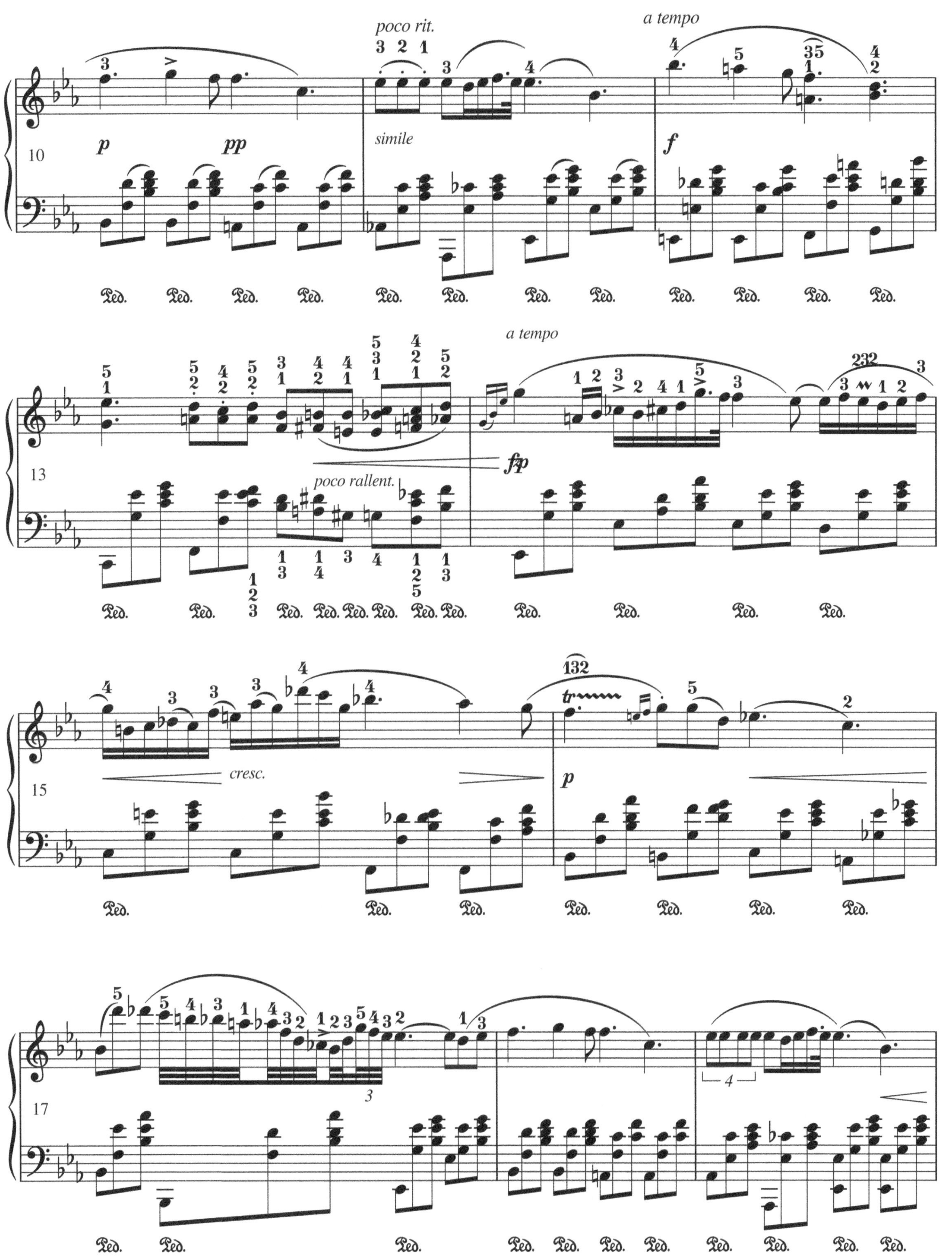

poco rit.
a tempo
simile
p
pp
f
10
a tempo
poco rallent.
fp
13
cresc.
p
tr
15
17
59

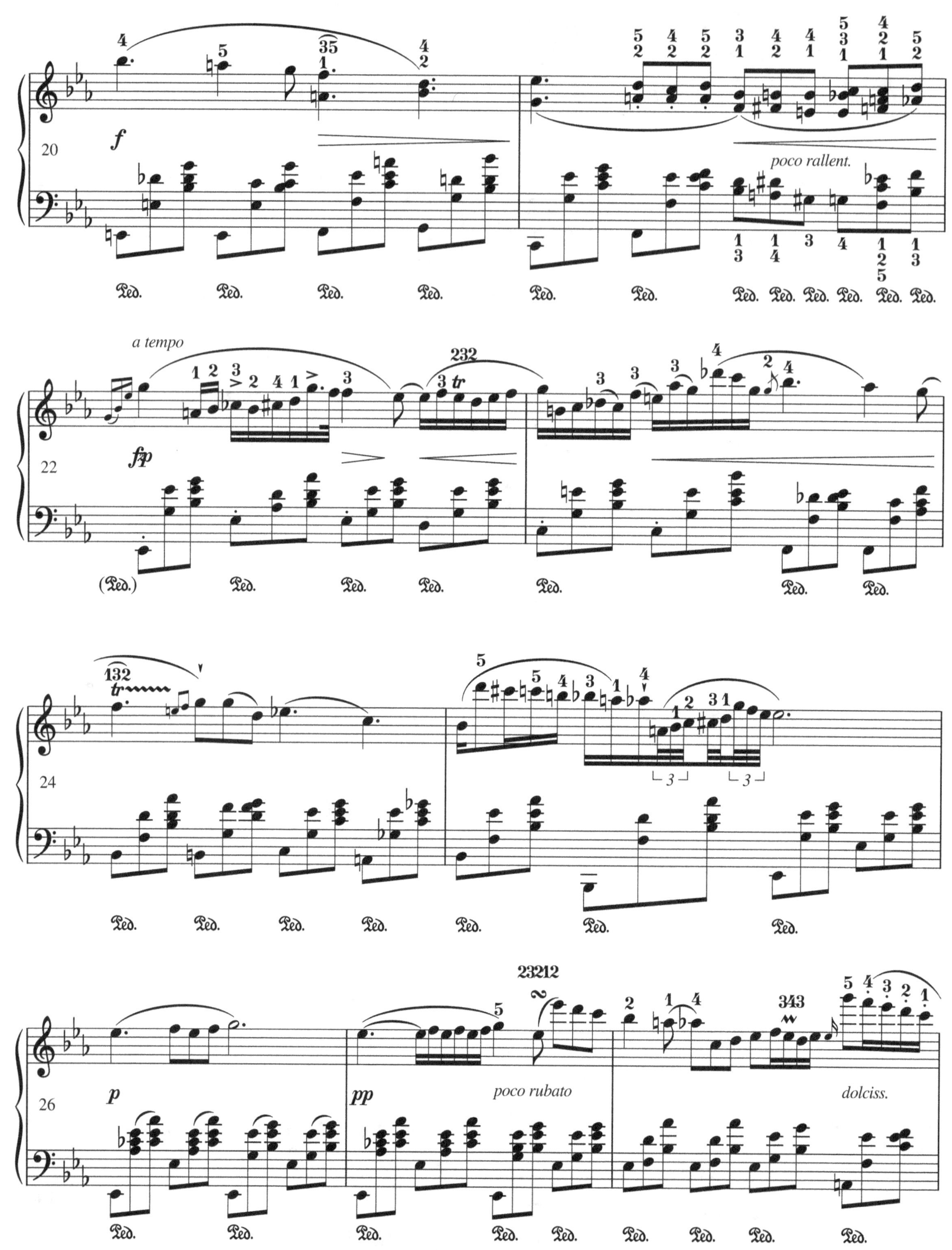

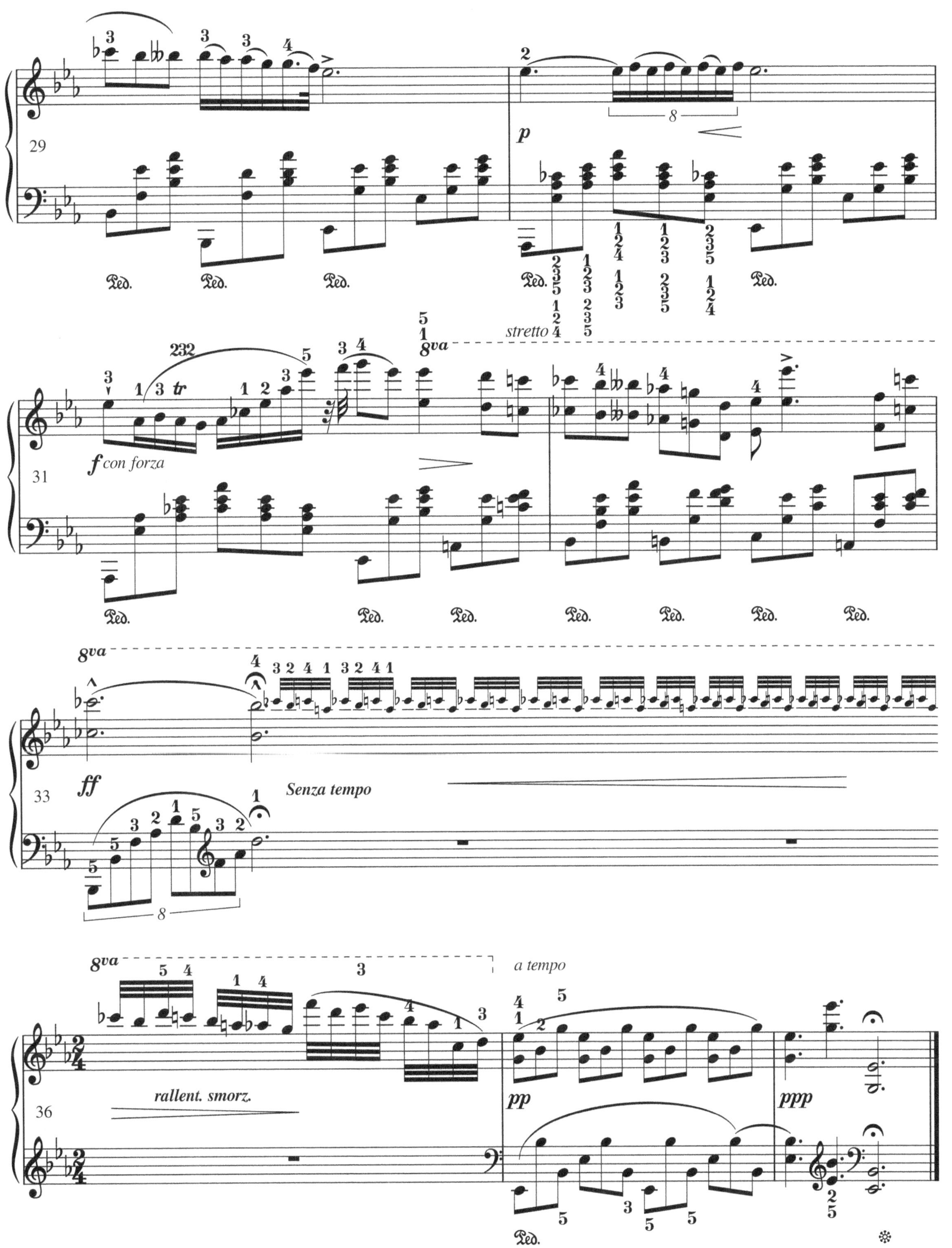

29
p
stretto
8va
f con forza
Ped.
8va
ff
Senza tempo
8va
a tempo
rallent. smorz.
pp
ppp
Ped.
61

Nocturne Op.9 No.2

Chopin

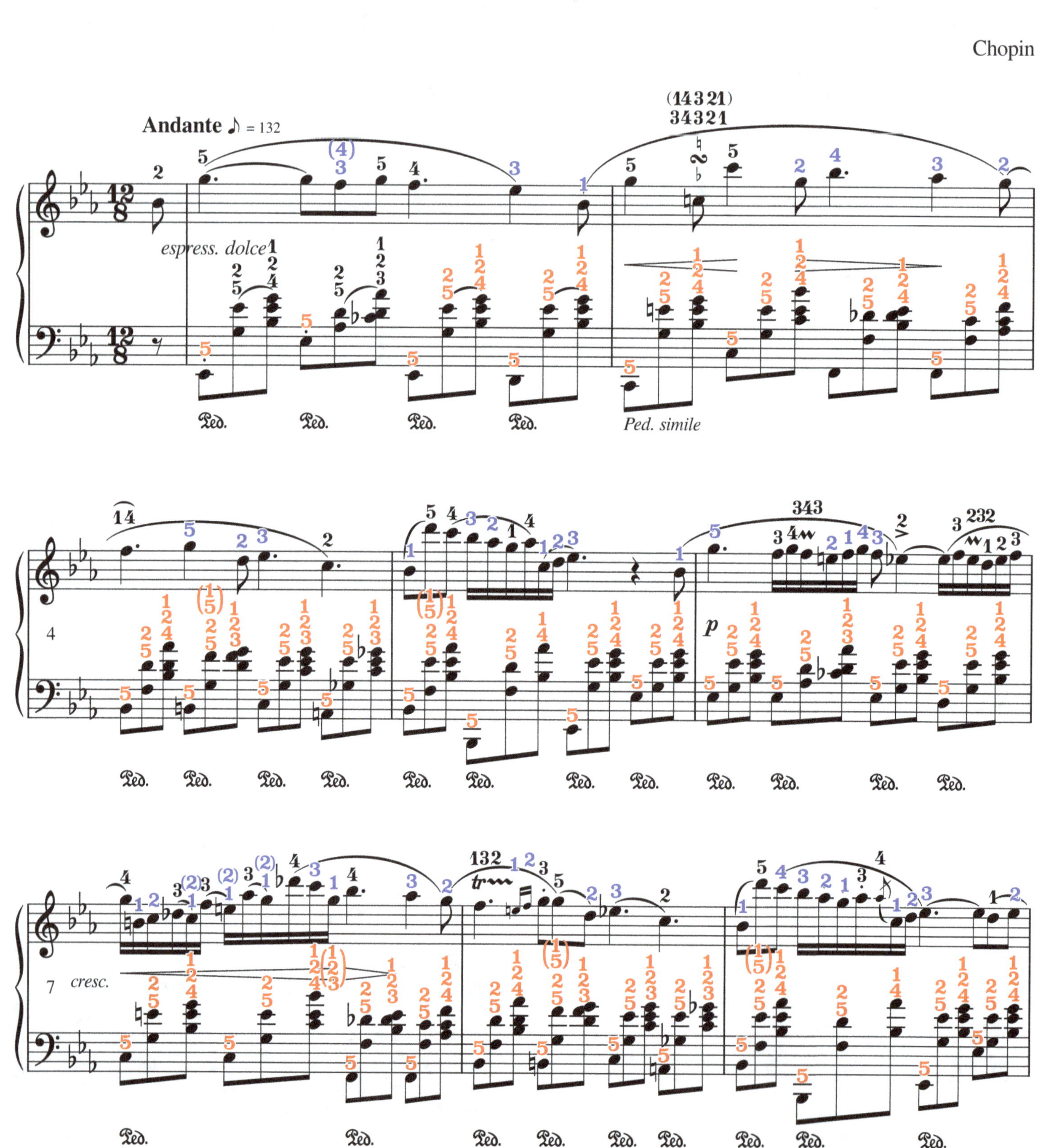

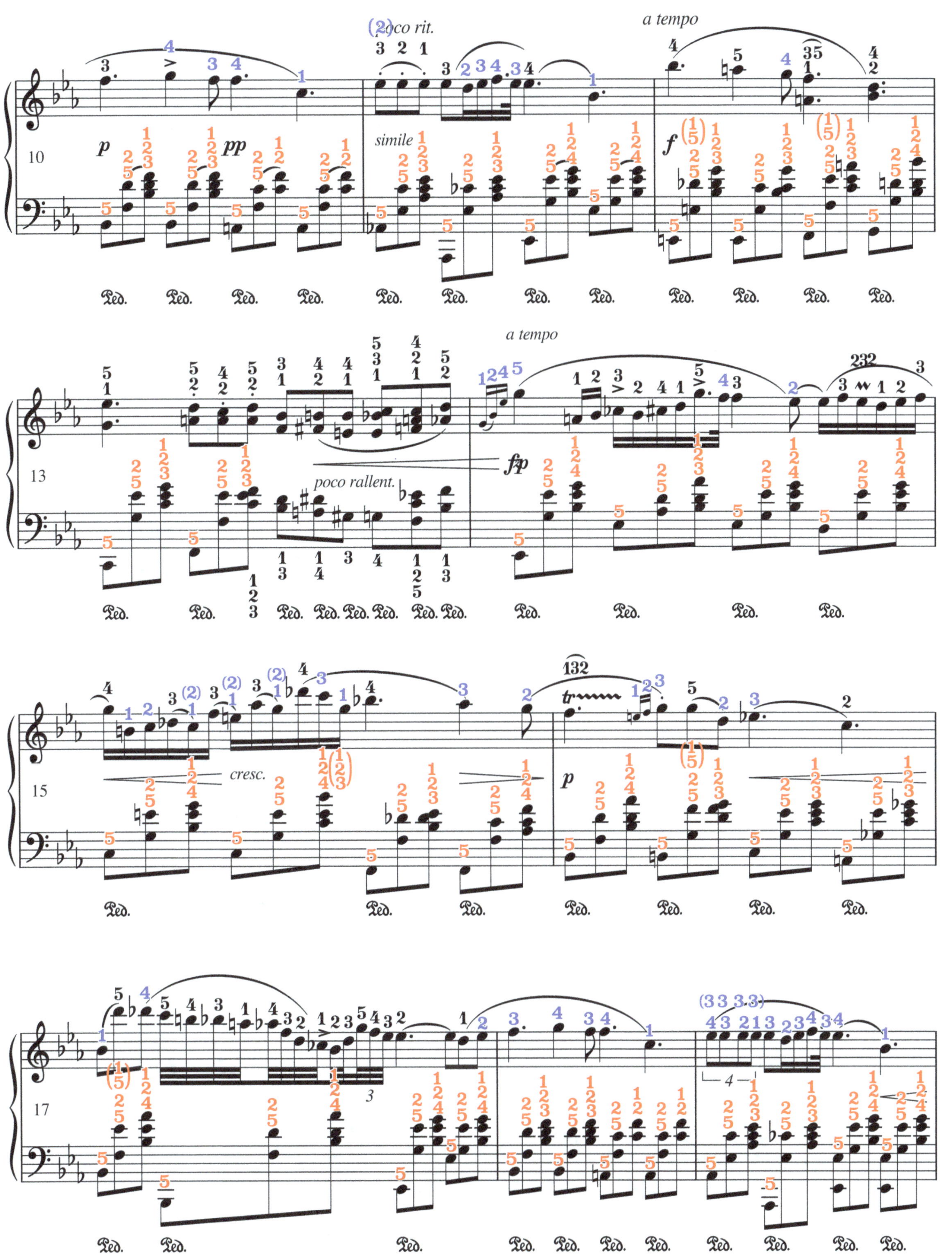
poco rit.
a tempo
simile
p
pp
f
a tempo
poco rallent.
fp
cresc.
p

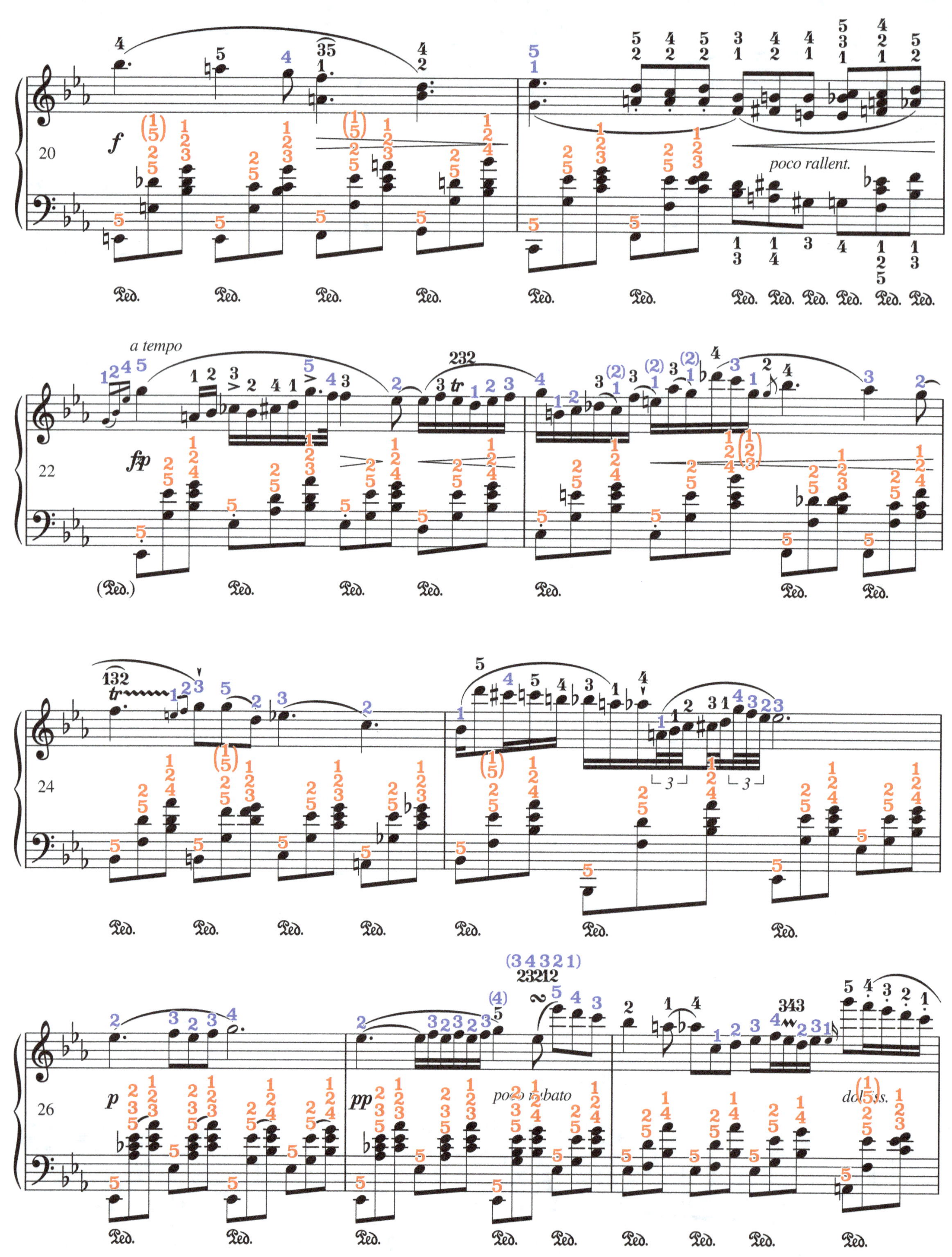

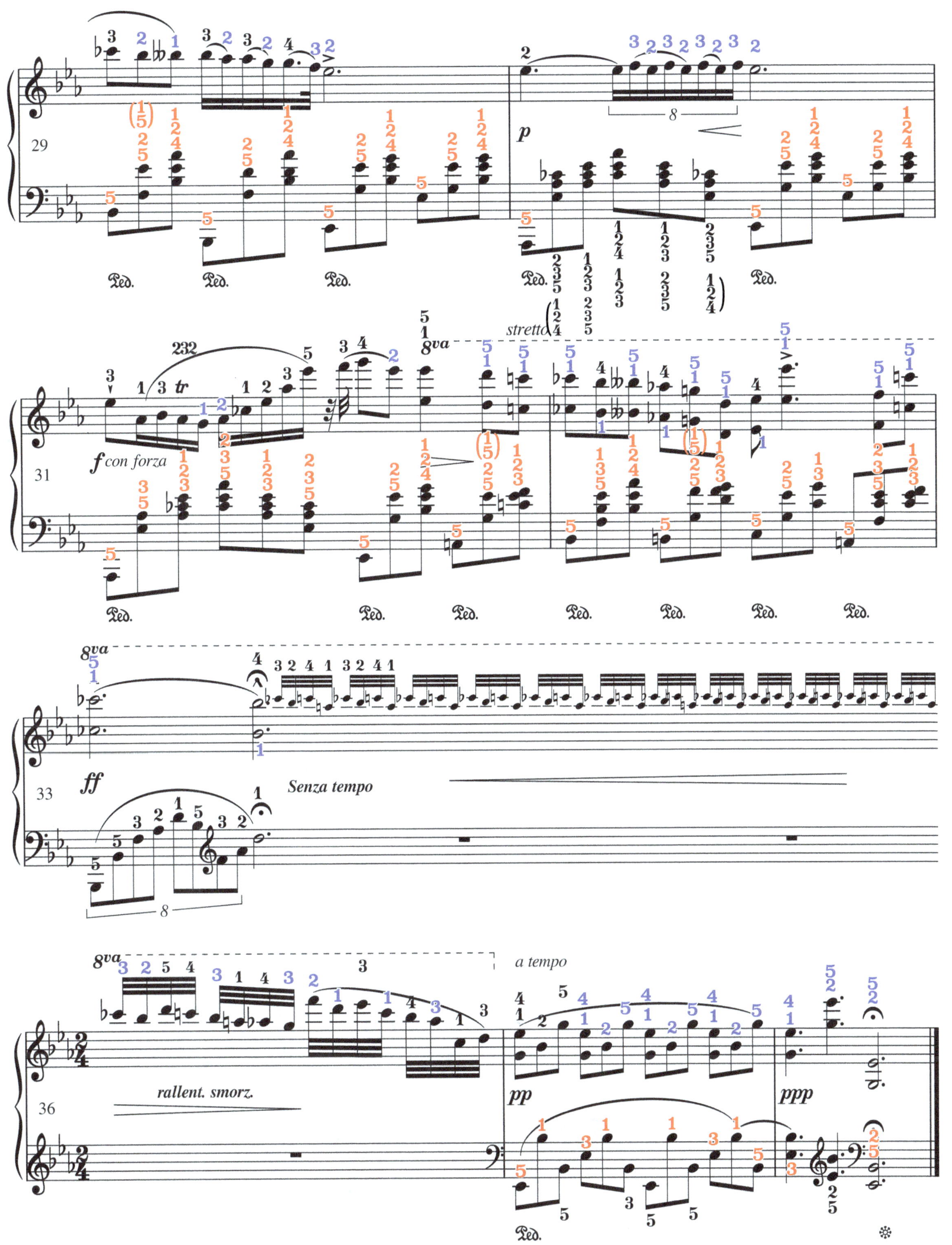

Nocturne Op.9 No.2

Chopin

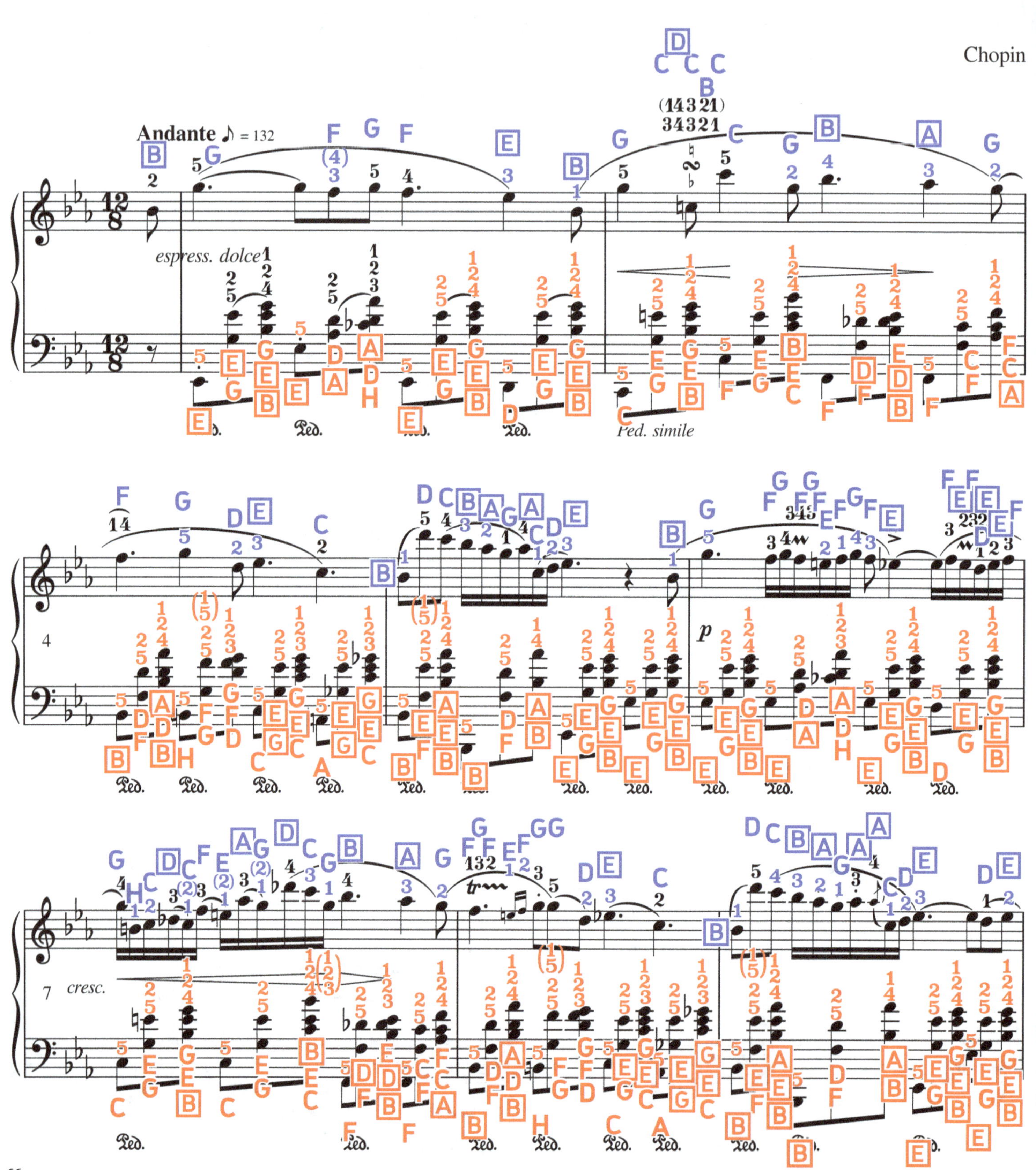

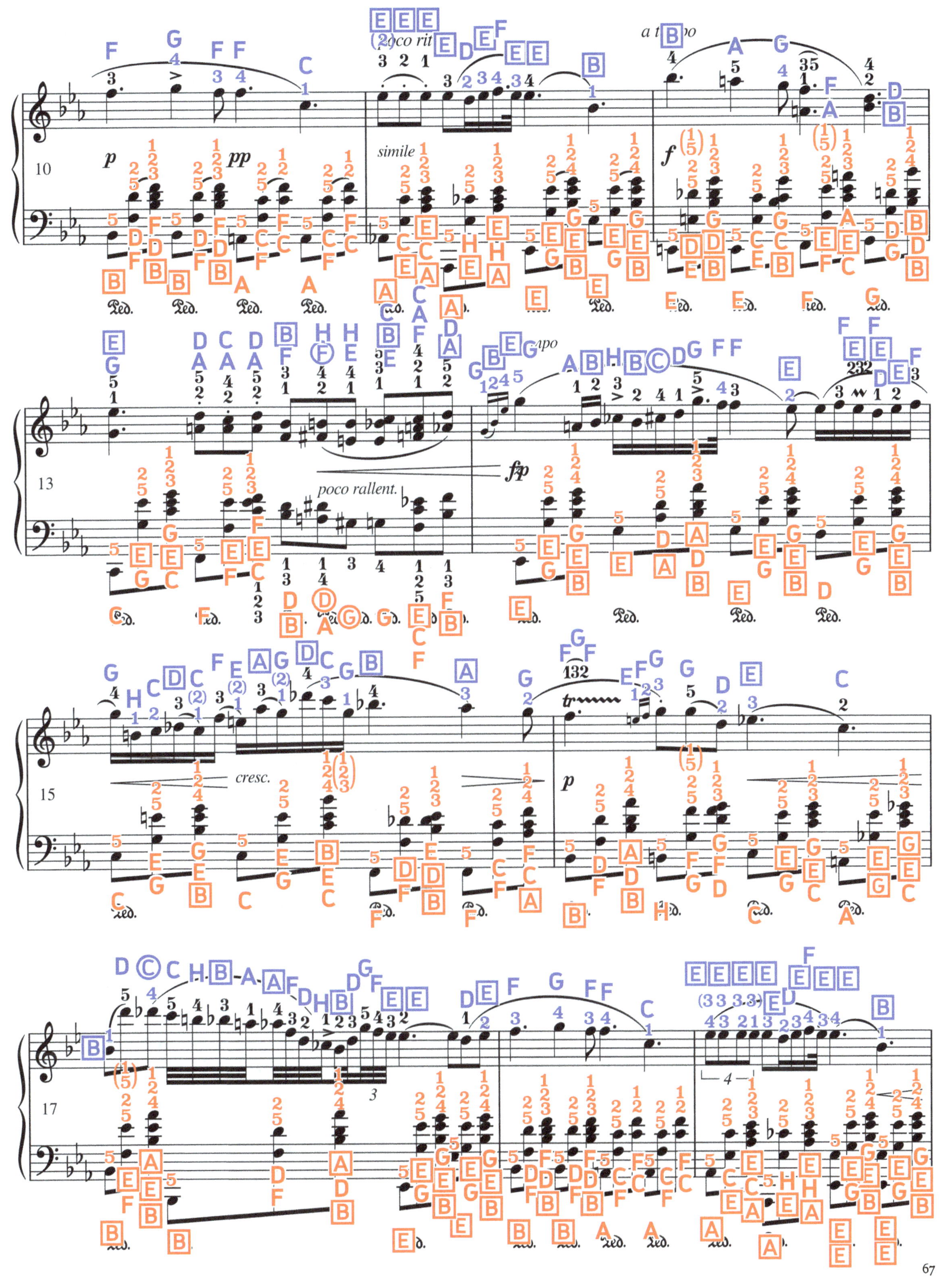
67

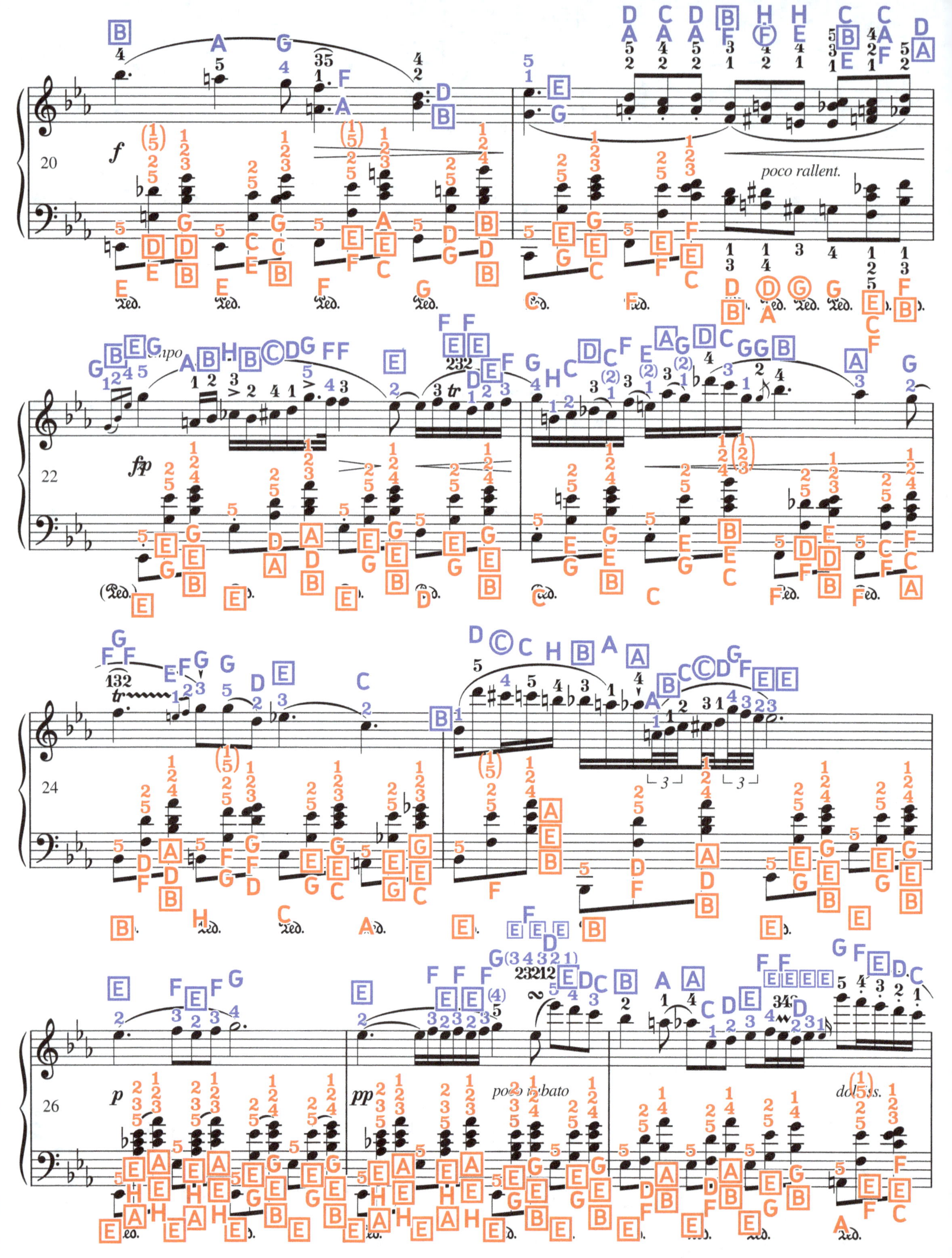

poco rallent.
f
fp
a capo
tr
tr
p
pp
poco rubato
dolciss.
68

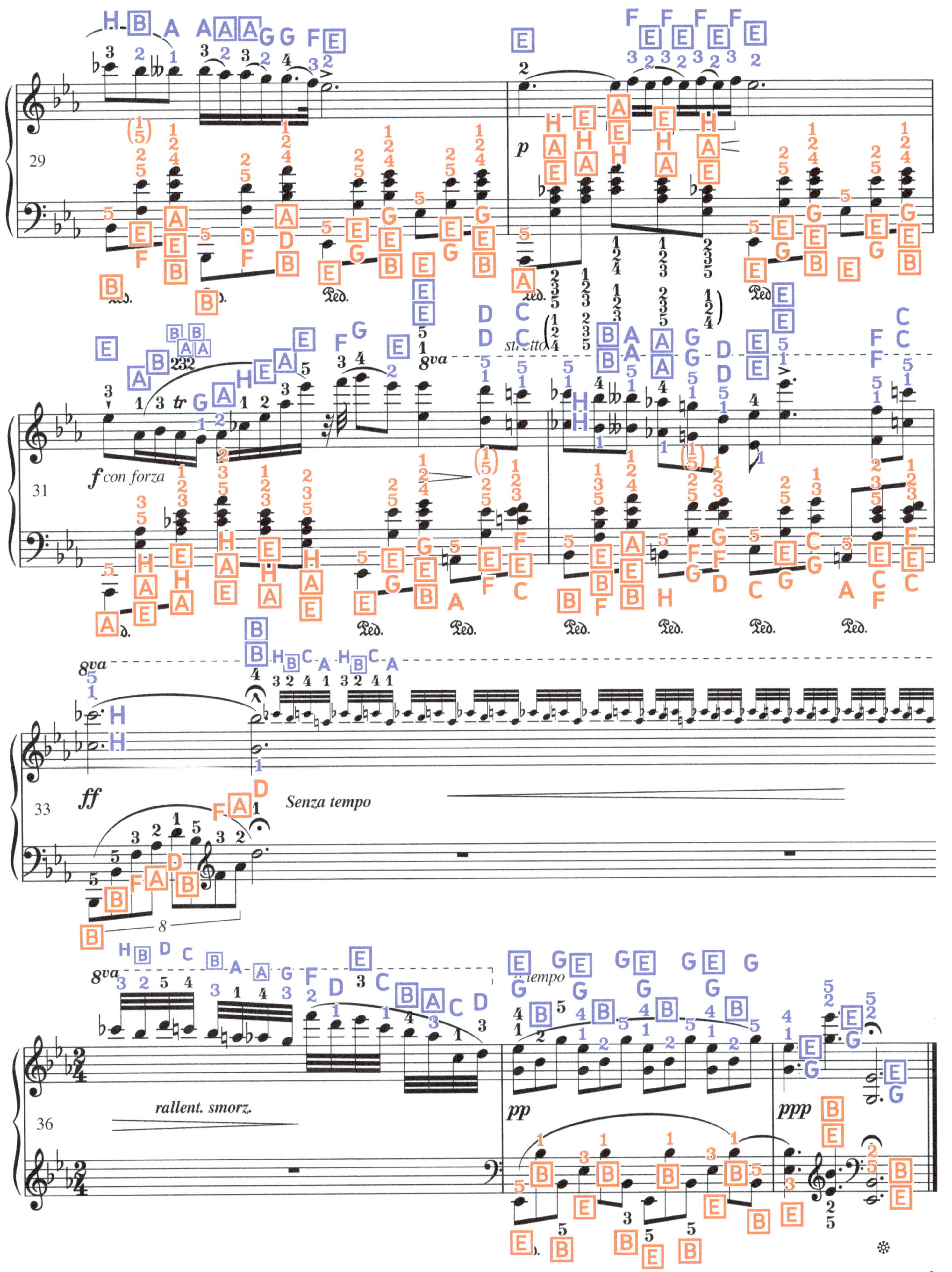

CLAIR DE LUNE

CLAUDE DEBUSSY (1862 - 1918)

Komponiert in Des-Dur

GRUNDTHEORIE: NOTEN & SCHLÜSSEL (VORBEREITUNG AUF DAS STÜCK)

Noten der Tonleiter:

Des, Es, F, Ges, As, B, C

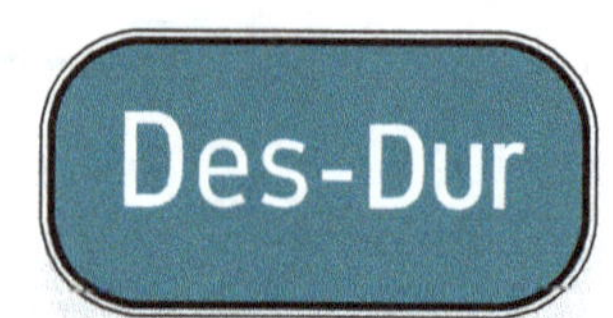

Tonart:

5 Bs (B, Es, As, Des, Ges)

Paralleltonart:

B-Moll

Link zur Audiodatei:

https://drive.google.com/file/d/1jFrh
e0zM0M2PrkNo9amHgvTVfsHTTo_/view

Spiele die Tonleiter mit der <u>RECHTEN HAND (2 OKTAVEN)</u>. Achte auf <u>VORZEICHEN (Tonart)</u>.

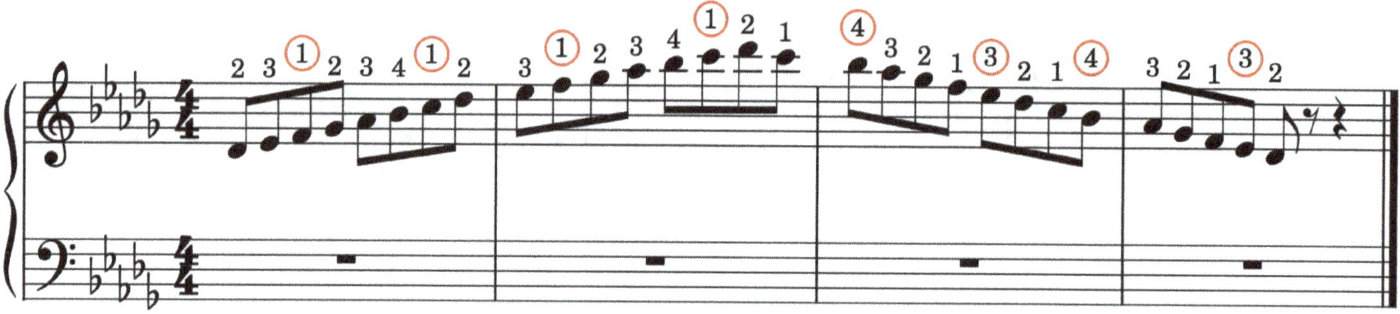

Spiele die Tonleiter mit der <u>LINKEN HAND (2 OKTAVEN)</u>. Achte auf <u>VORZEICHEN (Tonart)</u>.

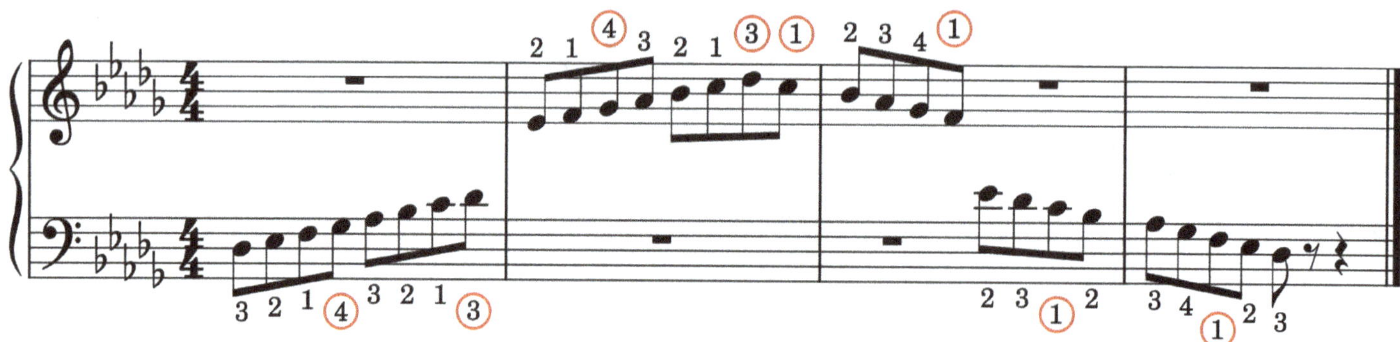

Übe Akkorde & Umkehrungen (BEIDE HÄNDE) <u>1. & 2. Umkehrung: Grundton 'F' & Grundton 'As'.</u>

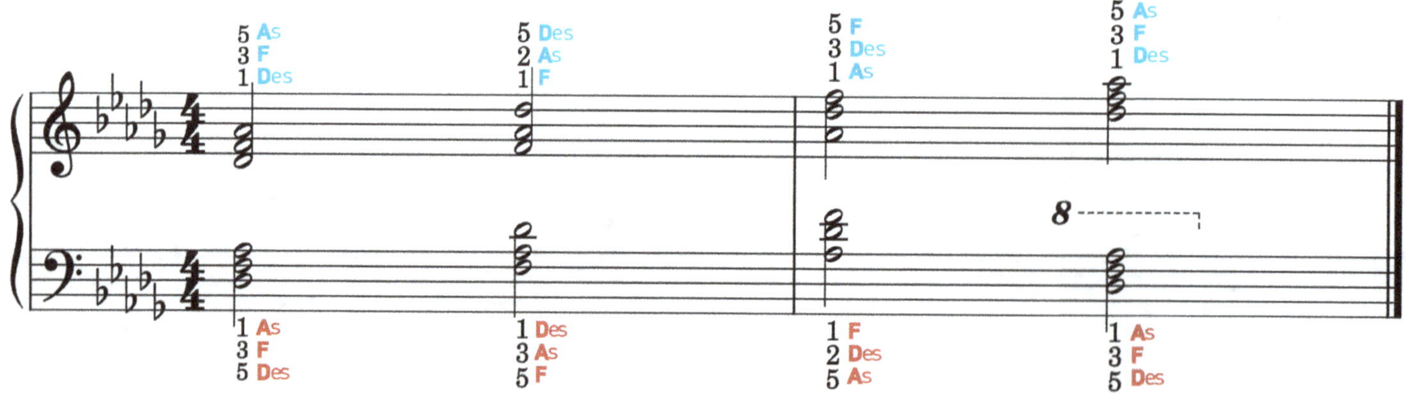

ÜBUNGSTIPPS

„Clair de Lune", komponiert von Claude Debussy im Jahr 1890, bedeutet „Mondlicht". Die sanften, fließenden Rhythmen und Harmonien des Stücks bieten Ihnen eine großartige Möglichkeit, Ihre Ausdruckskraft zu verbessern und eine ruhige, nachdenkliche Stimmung zu erzeugen. Es kann Ihnen auch helfen, eine tiefere emotionale Verbindung zur Musik aufzubauen.

Die folgenden Tipps werden Ihnen helfen, zu üben und besser zu werden.

1. LANGSAM BEGINNEN

Es ist sehr wichtig jede Note korrekt zu spielen und in einem langsamen Tempo zu beginnen. Somit bauen Sie das notwenige Muskelgedächtnis der Finger auf.

2. FINGER NUMMERIERUNG

Achten Sie besonders auf die Fingernummern. Denken Sie daran das die flüssige Bewegung und Platzierung der Finger und Hände wichtig sind um flüssig zu spielen.

3. NENNEN ODER SINGEN

Noten laut auszusprechen oder zu singen beim Üben kann Ihnen helfen die Position der Töne auf dem Klavier und im Notensystem besser im Gedächtnis zu behalten.

4. HERUNTERBRECHEN

Fokusieren Sie sich auf kleine Sektionen (Sätze) des lernenden Stückes und verbinden Sie kleine Teile zu dem ganzen. Das korrekte Spielen einzelner Sätze gibt Ihnen Sicherheit und Motivation um korrekt zu spielen.

5. GETRENNT DANN ZUSAMMEN

Es ist hilfreich an jeder Hand einzeln zu arbeiten um sich auf die spezifischen Schwierigkeiten zu konzentrieren. Wenn die Hänsde einzeln beherrscht und Sie sich bereit fühlen dann beginnen Sie mit beiden Händen zu spielen.

6. SICH SELBST AUFNEHMEN

Dokumentieren Sie ihre Übungseinheiten, um zu sehen, woran Sie arbeiten müssen und wie Sie sich im Laufe der Zeit verbessern.

7. AUF DEN RYTHMUS ACHTEN

Ein Metronom kann sehr hilfreich sein. Stellen Sie die Geschwindigkeit zunächst auf ein niedriges Niveau ein und mit der Gewöhnung an dies erhöhen Sie das Tempo dann langsam .

8. REGELMÄSSIGES ÜBEN

Konsequentes Üben ist wichtig und der Schlüssel zum Erfolg. Tägliche kurze Übungseinheiten sind besser als seltene lange. Es gilt das gelernte zu verarbeiten in der Pausezeit. Fortschritt und Festigung in der Spielzeit.

9. FINGERWECHSEL BEDENKEN

Komponisten fügen diese Nummern in den originalen Noten hinzu als Hilfe hinzu für glattere Übergänge ein flüssiges Spielen. Denken Sie daran schwierige Passagen durch Optimieren von Fingern zu erleichtern.

10. NOTEN LESEN

Üben Sie das Lesen der Originalpartitur. Bei Unsicherheiten greifen Sie auf die Hilfsversionen zurück. Noten lesen hilft Ihnen, ein besserer Musiker zu werden, mehr Lieder zu lernen und das Anfängerniveau zu überwinden.

Clair de Lune

from "Suite Bergamasque" L. 75
3rd Movement

Claude Debussy
(1862–1918)

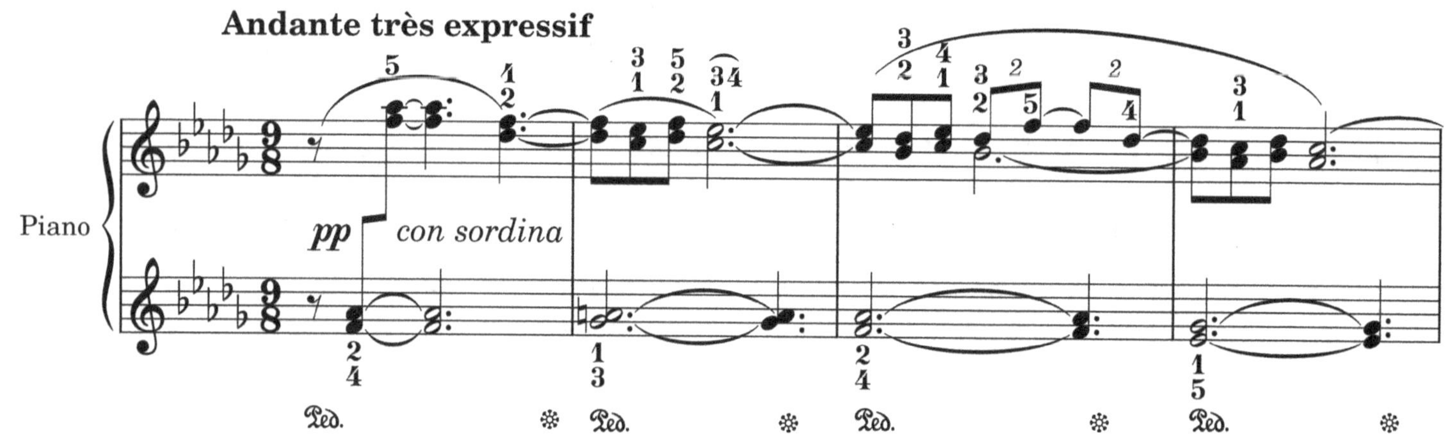

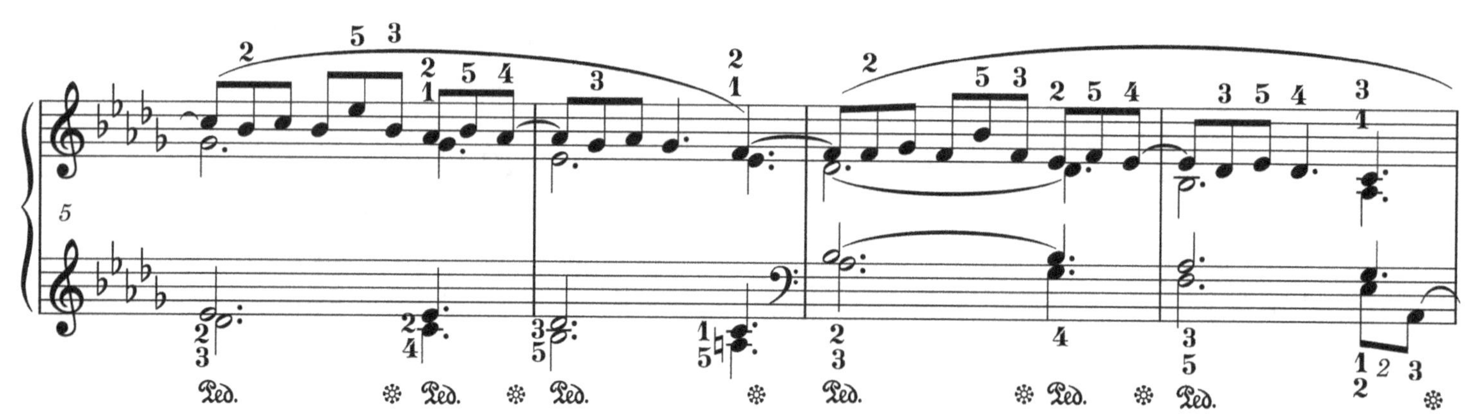

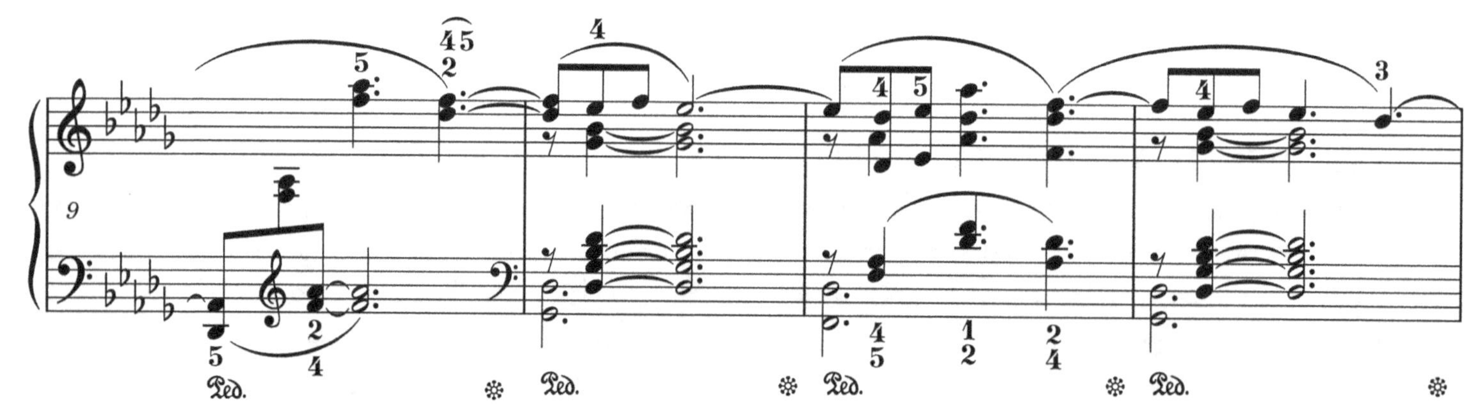

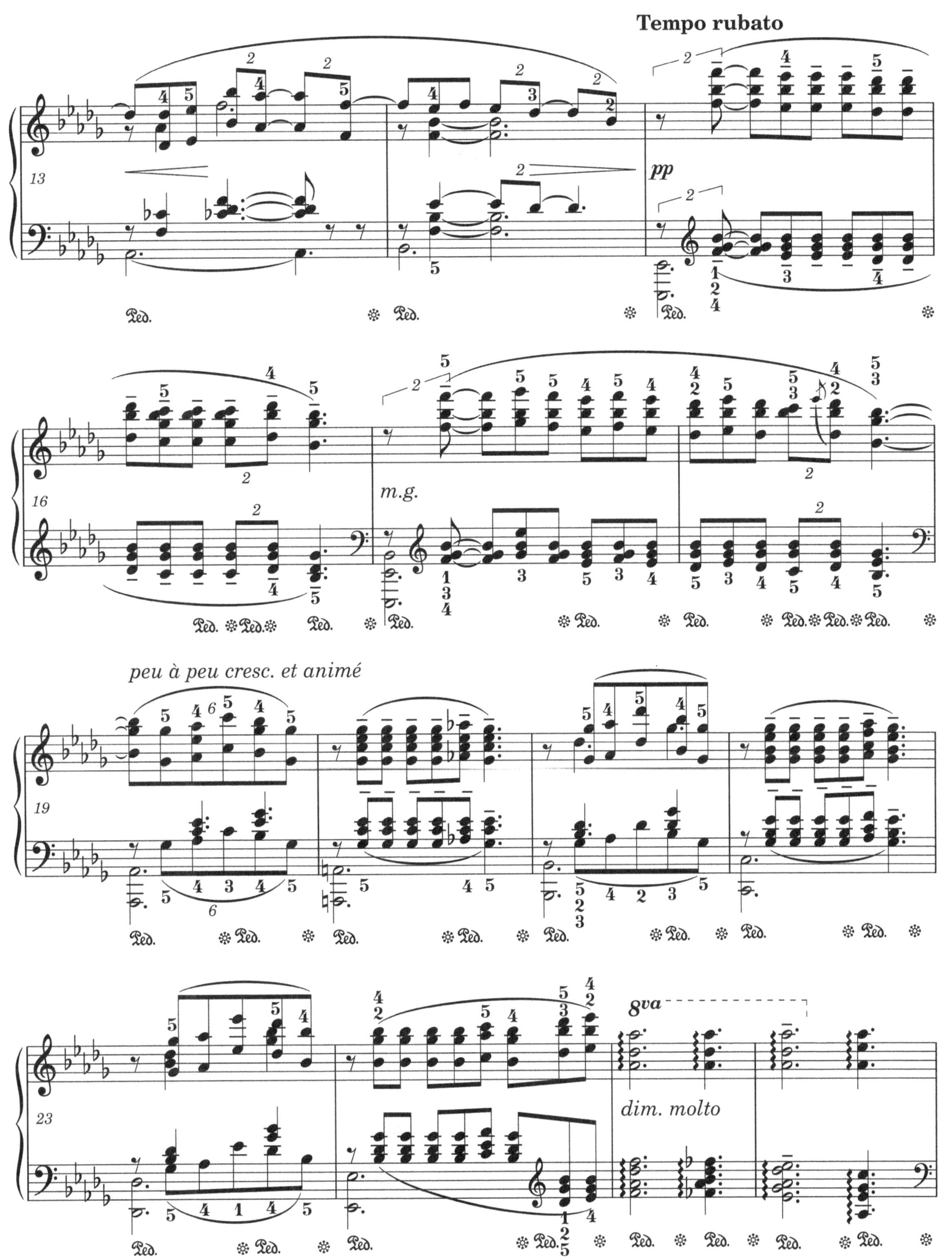
Tempo rubato
pp
peu à peu cresc. et animé
m.g.
8va
dim. molto
73

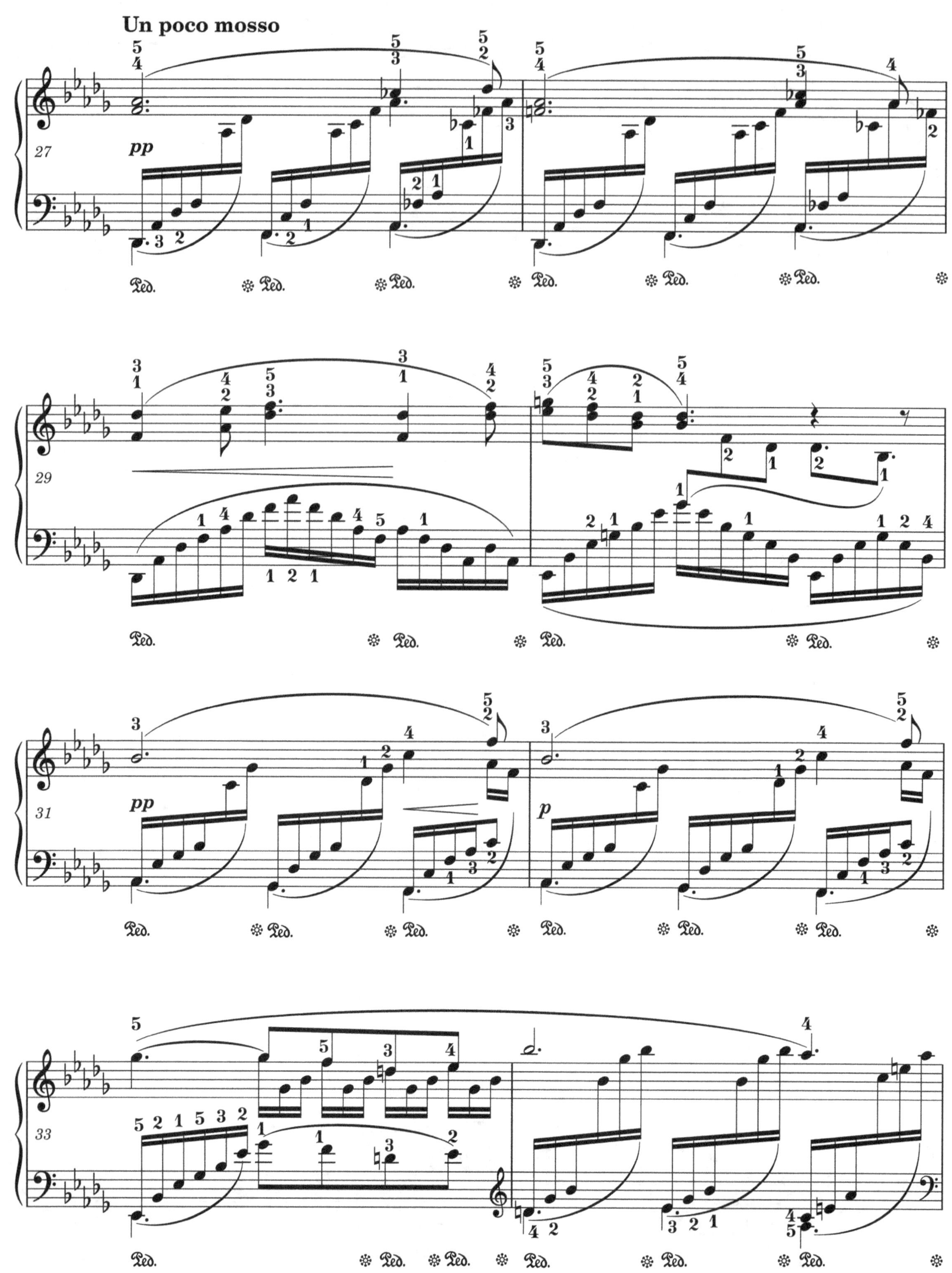
Un poco mosso
pp
27
Ped. Ped. Ped. Ped. Ped. Ped. Ped.
29
Ped. Ped. Ped. Ped. Ped.
pp
31
p
Ped. Ped. Ped. Ped. Ped. Ped. Ped.
33
Ped. Ped. Ped. Ped. Ped. Ped.
74

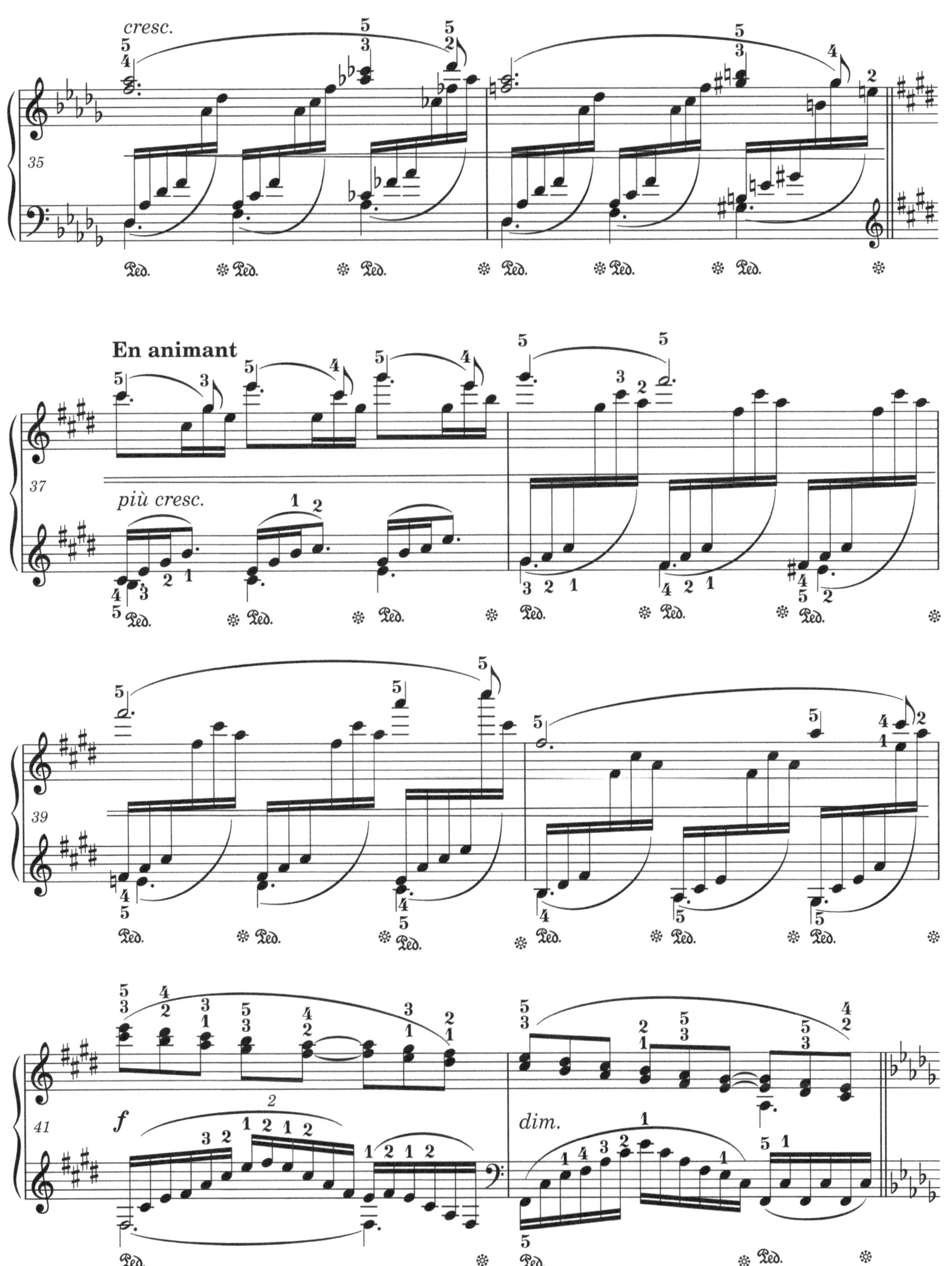

cresc.
En animant
più cresc.
f
dim.
Ped.
75

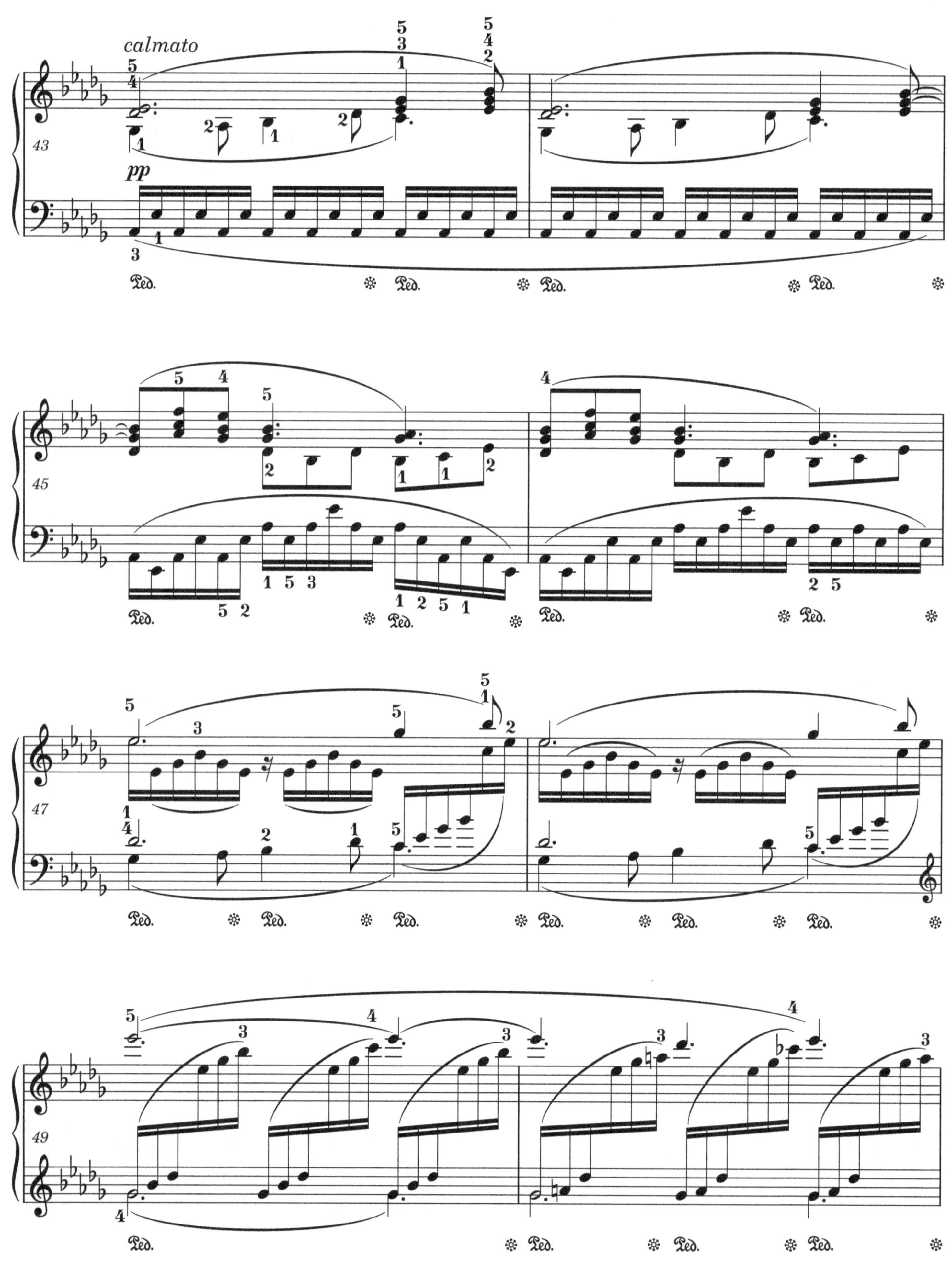
calmato
pp
43
45
47
49
76

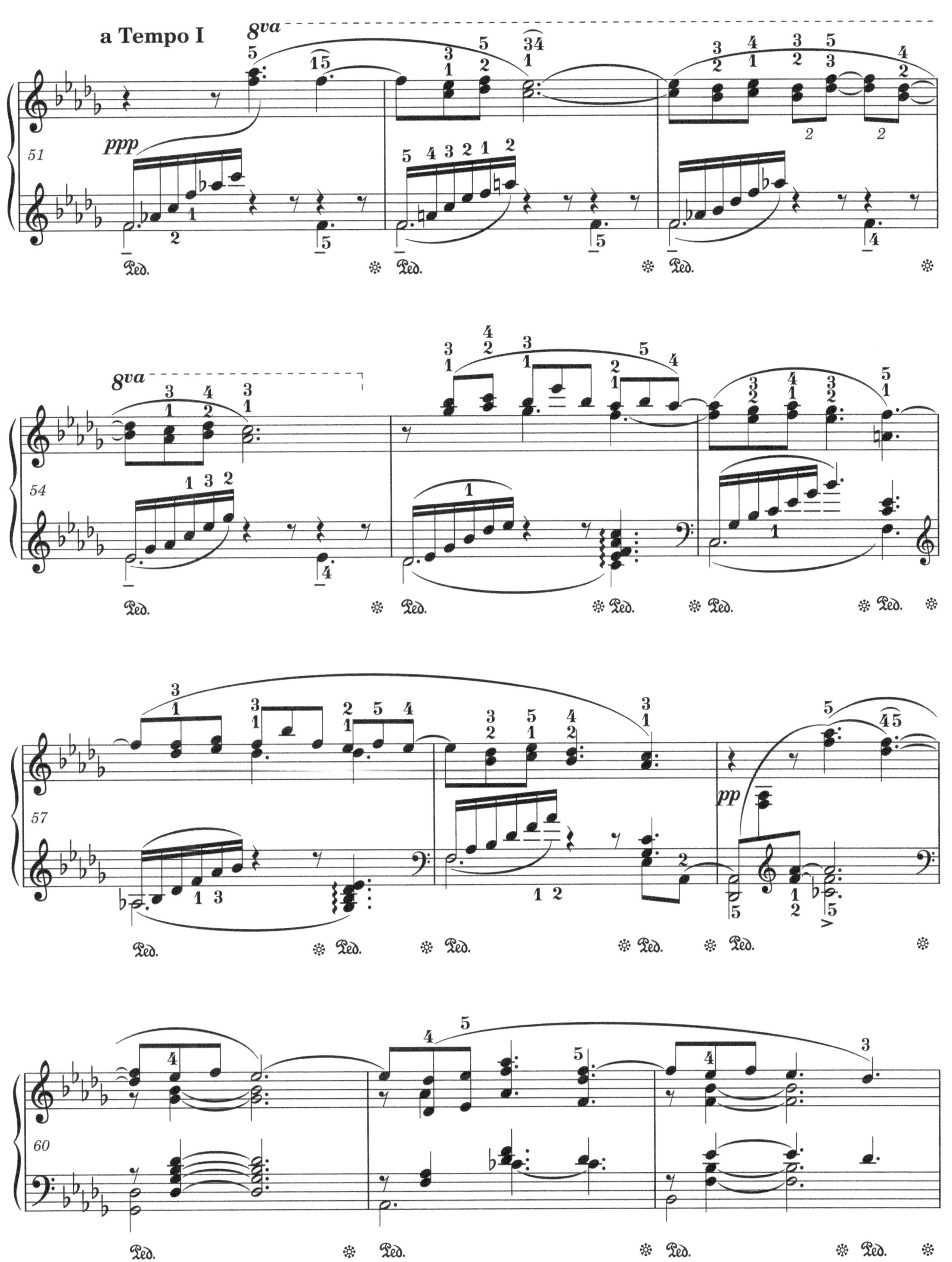
a Tempo I
8va
ppp
8va
pp
77

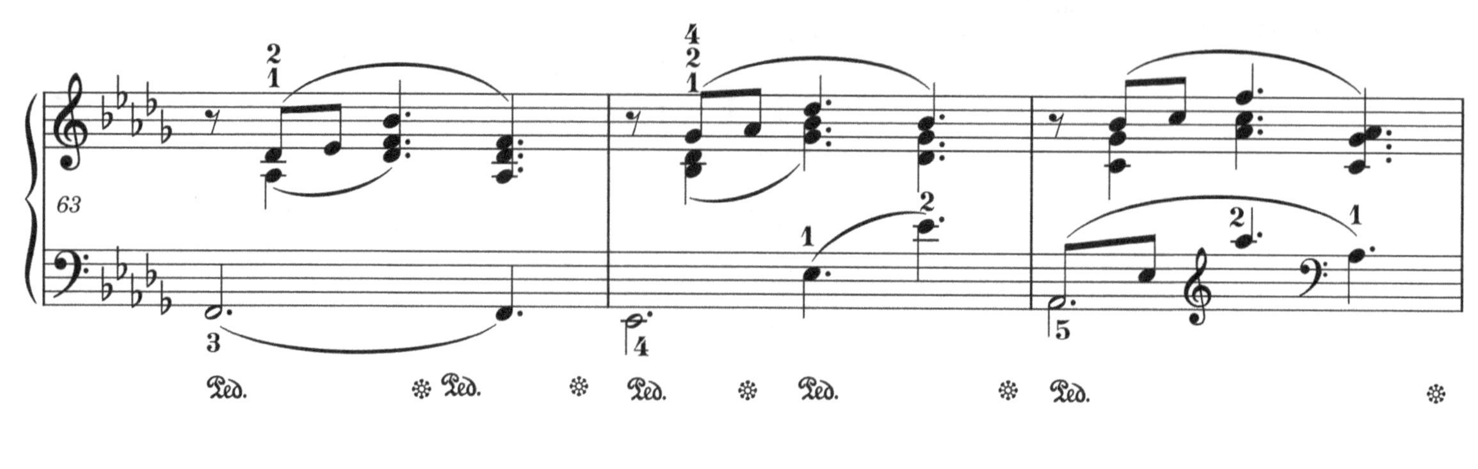

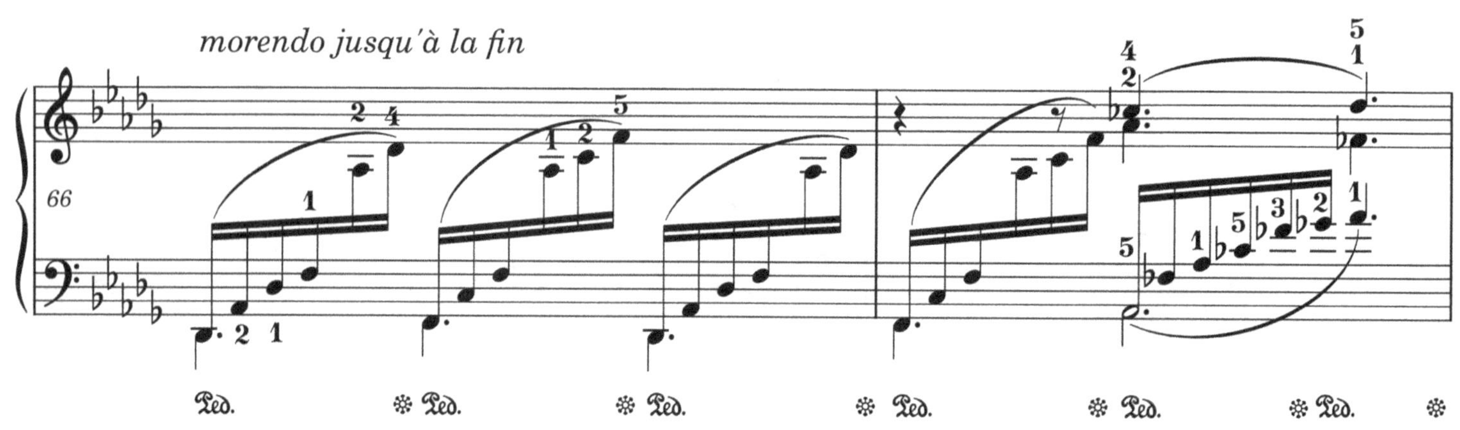
morendo jusqu'à la fin

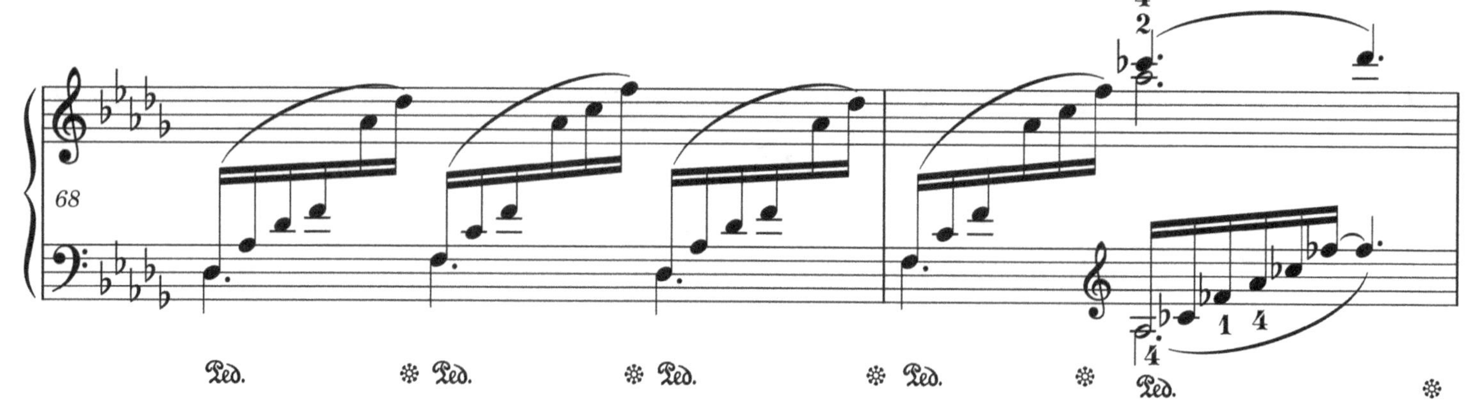

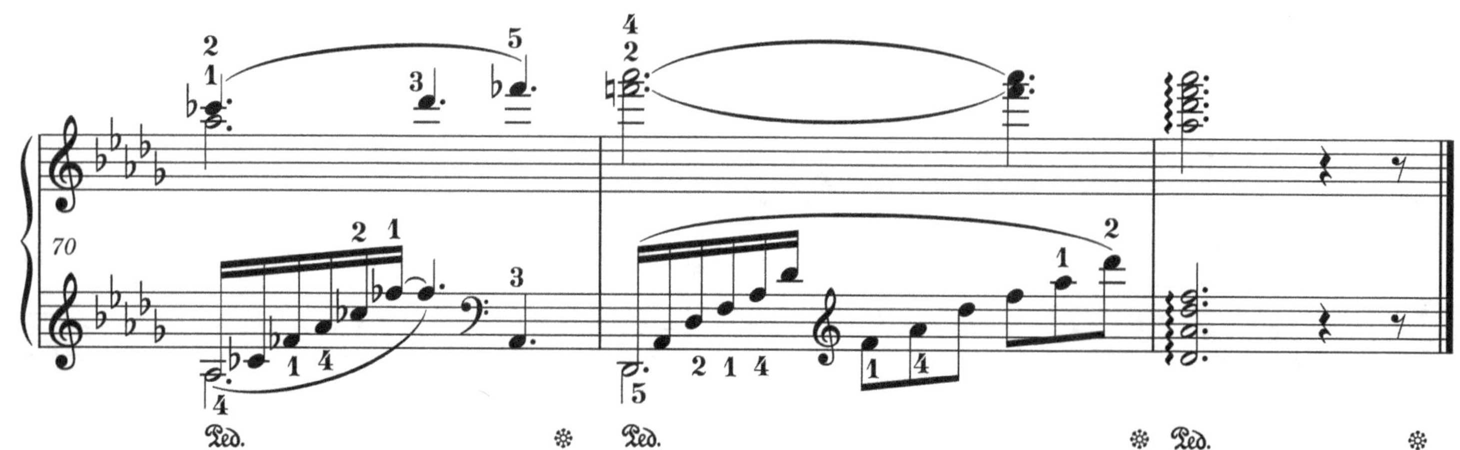

Clair de Lune

from "Suite Bergamasque" L. 75
3rd Movement

Claude Debussy
(1862–1918)

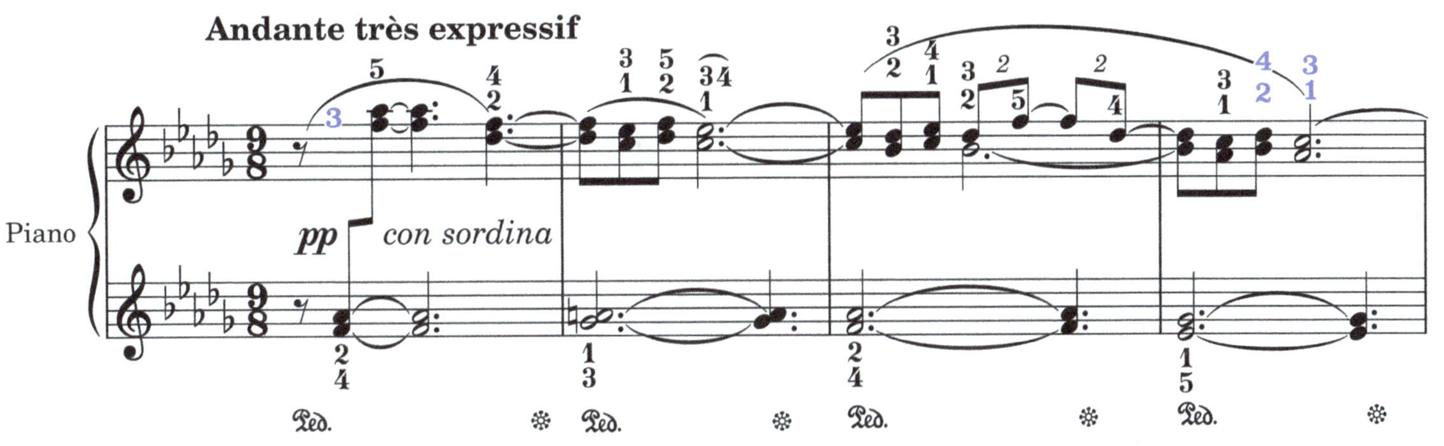

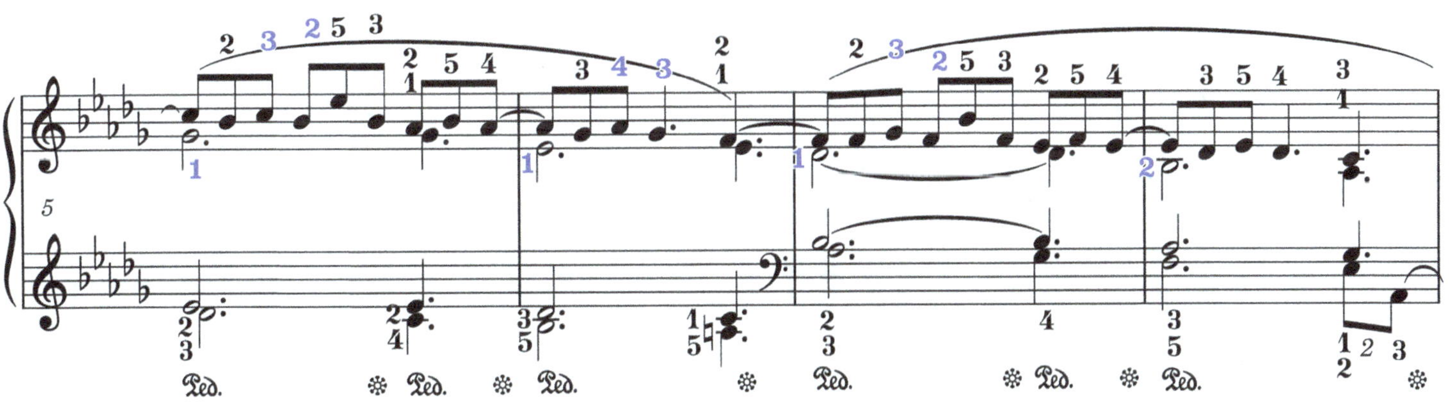

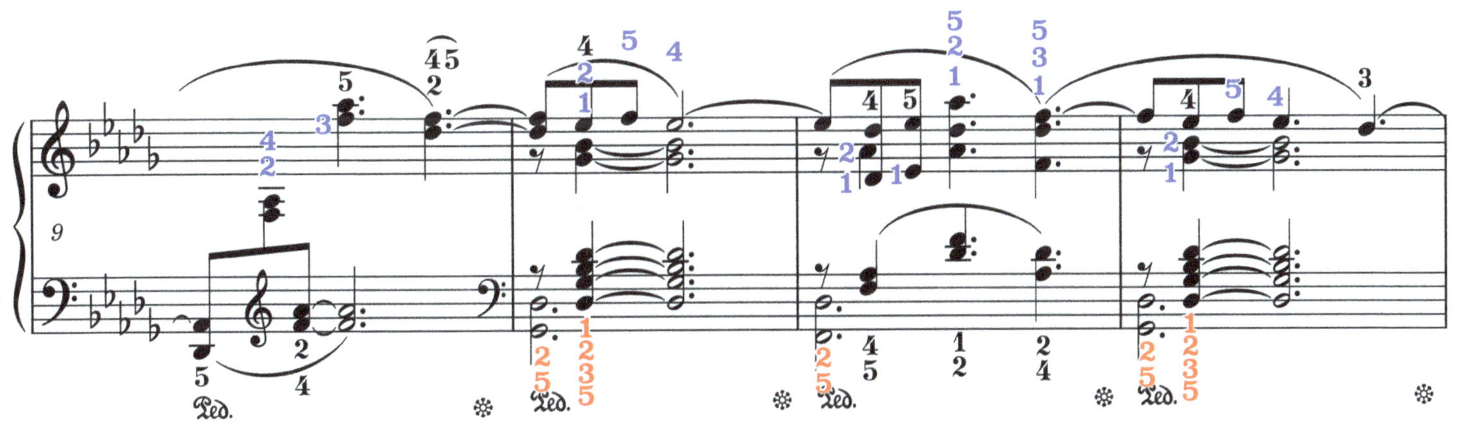

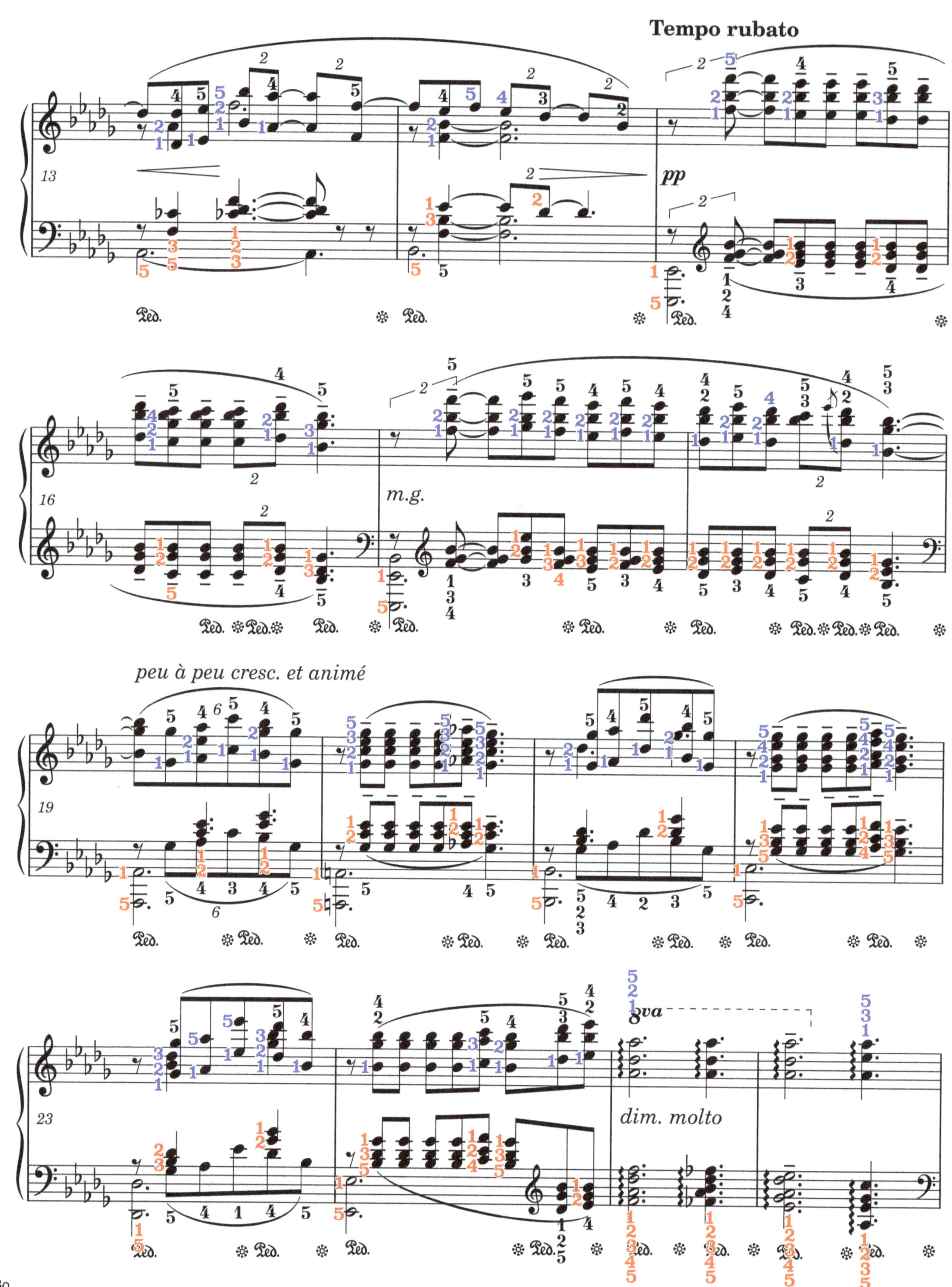

Tempo rubato
pp
13
16
m.g.
peu à peu cresc. et animé
19
dim. molto
8va
23
80

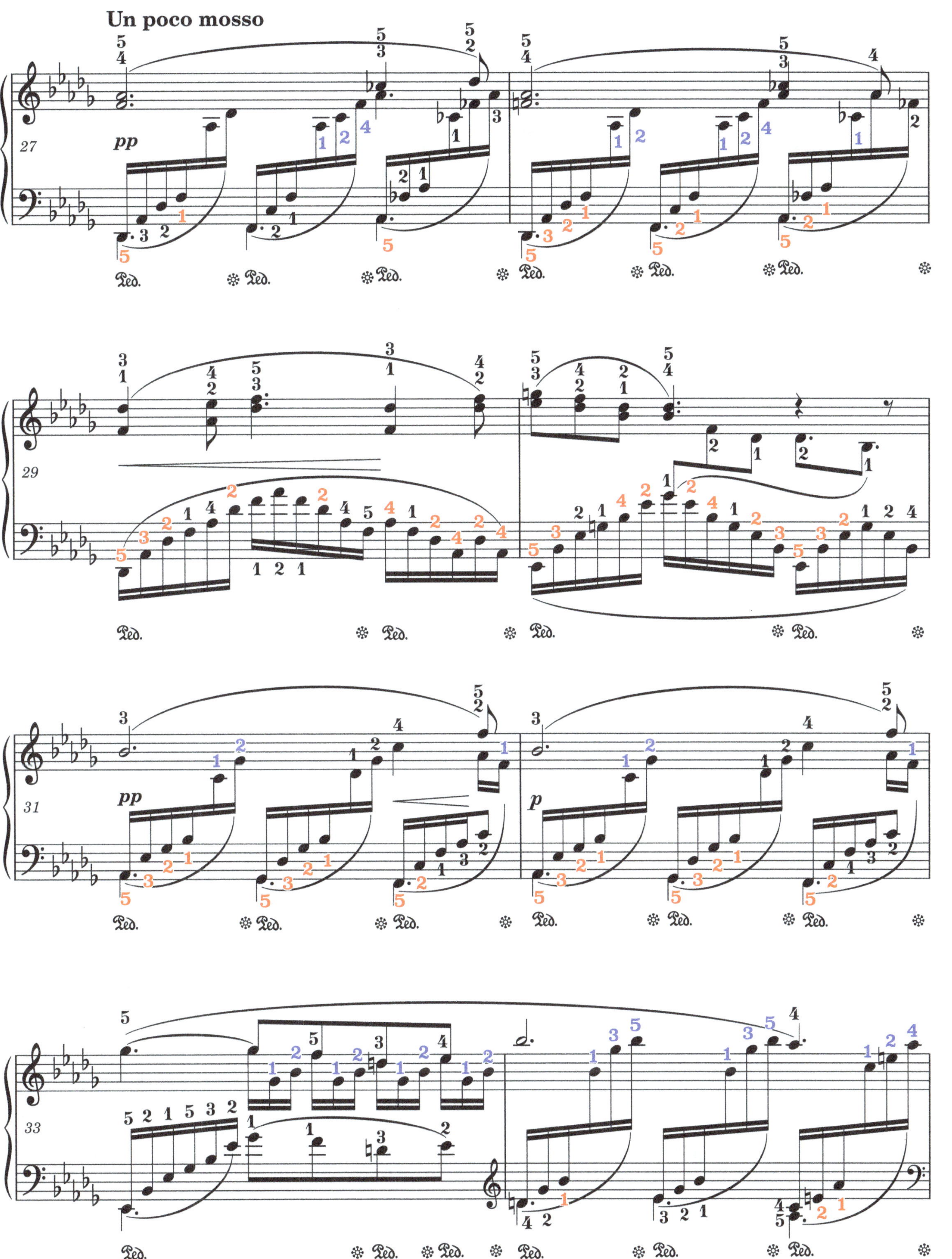

Un poco mosso
pp
pp
p

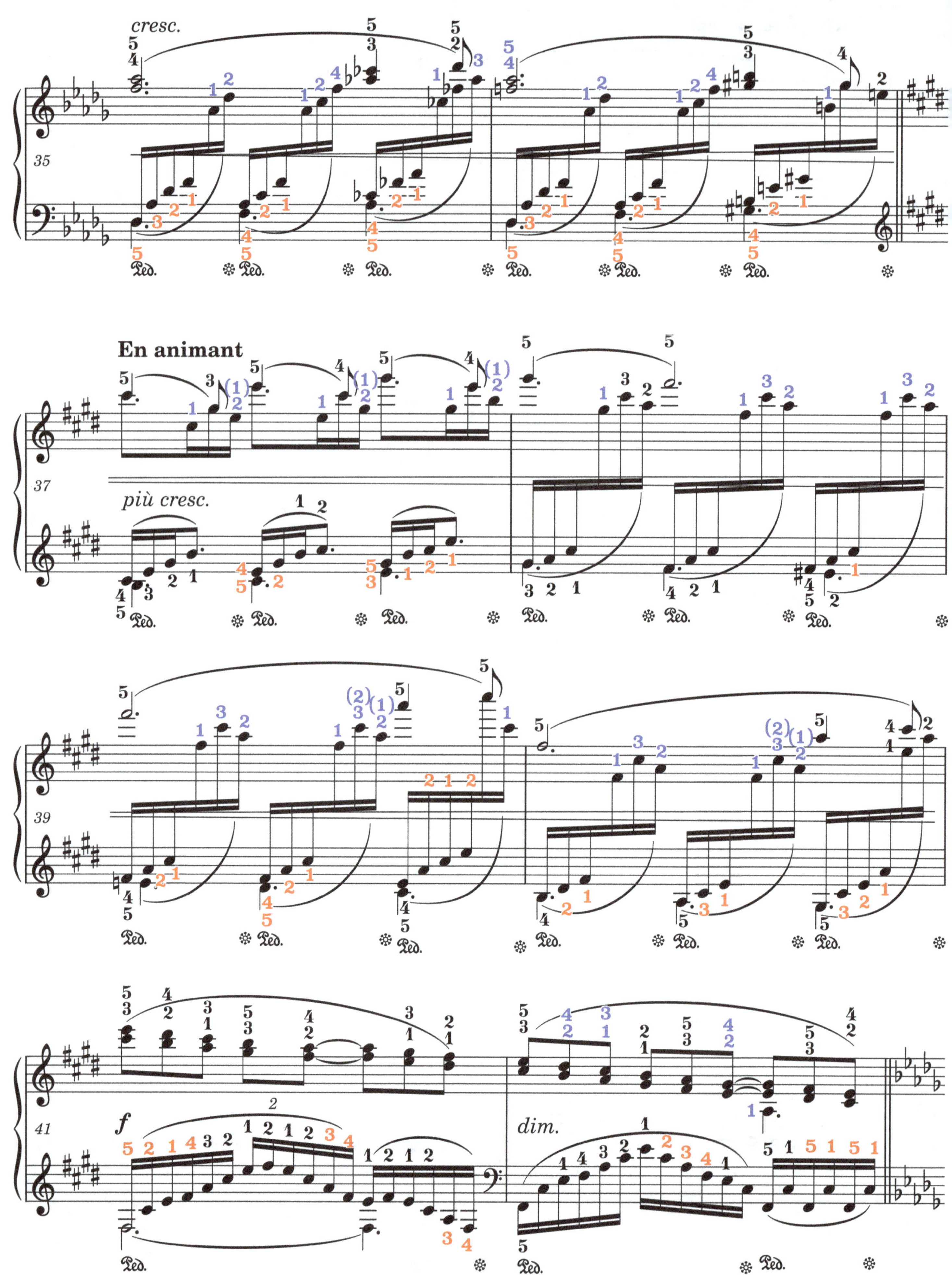
cresc.
En animant
più cresc.
f
dim.
82

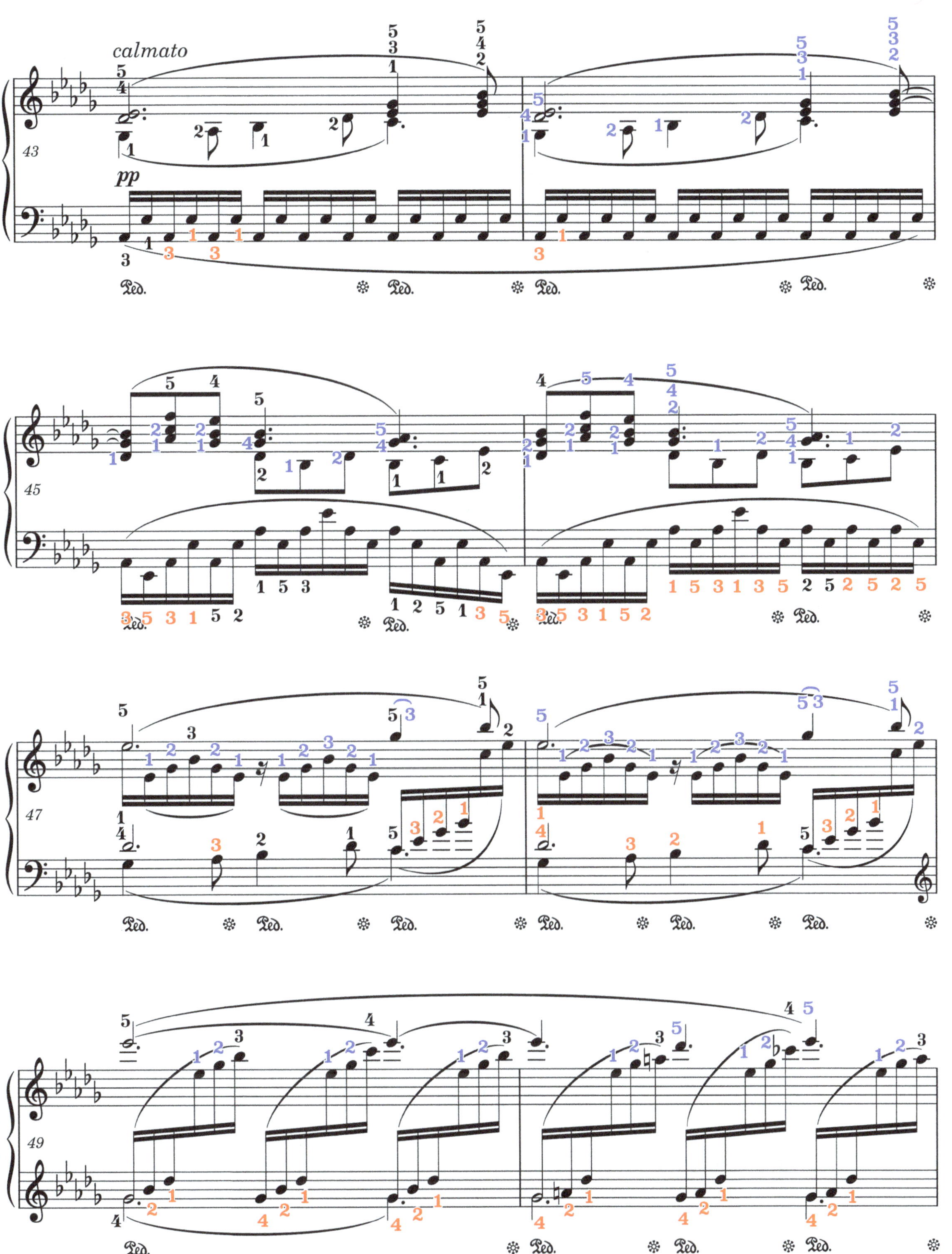
calmato
pp
Ped.
Ped.
Ped.
Ped.
Ped.
83

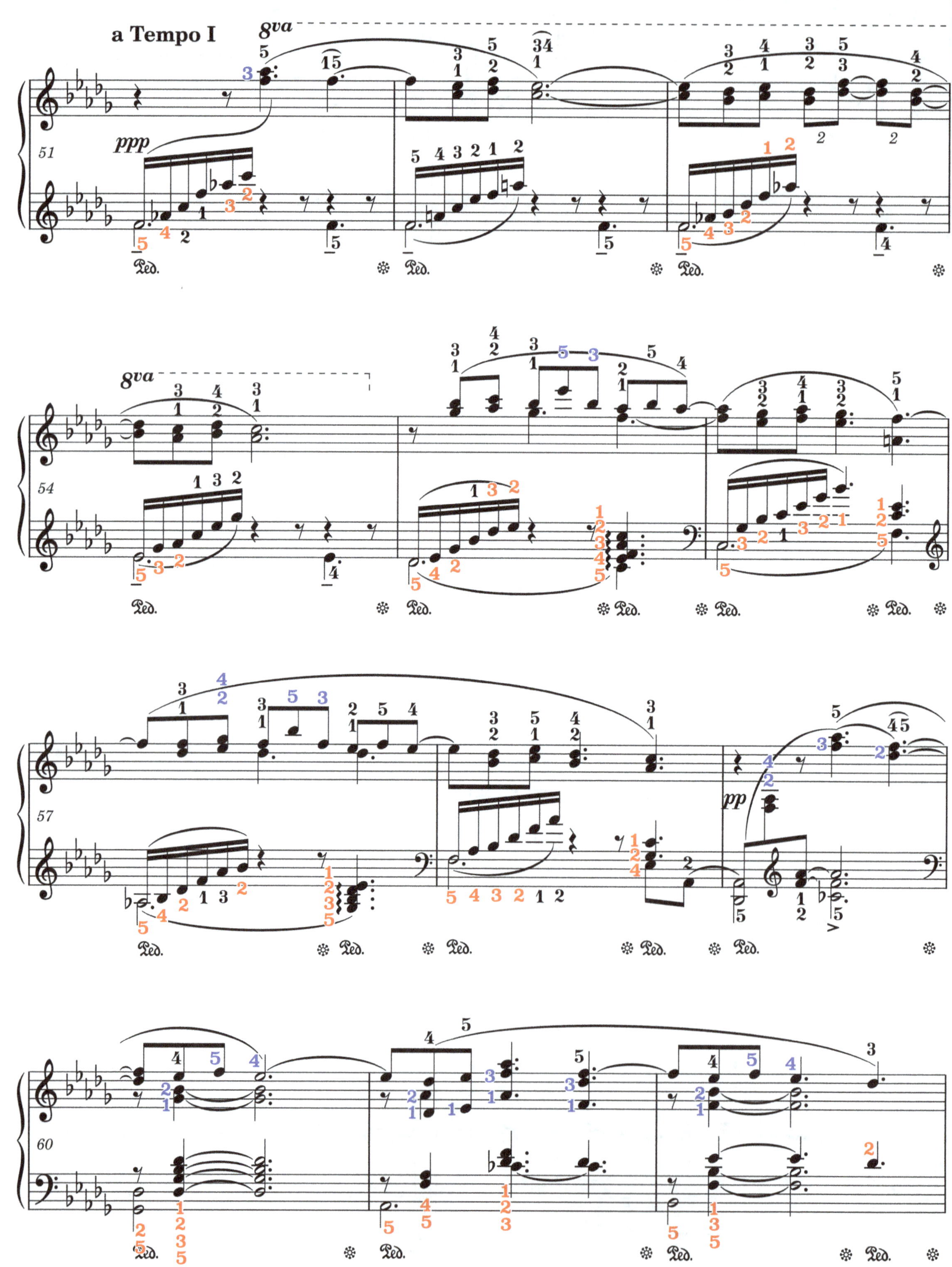

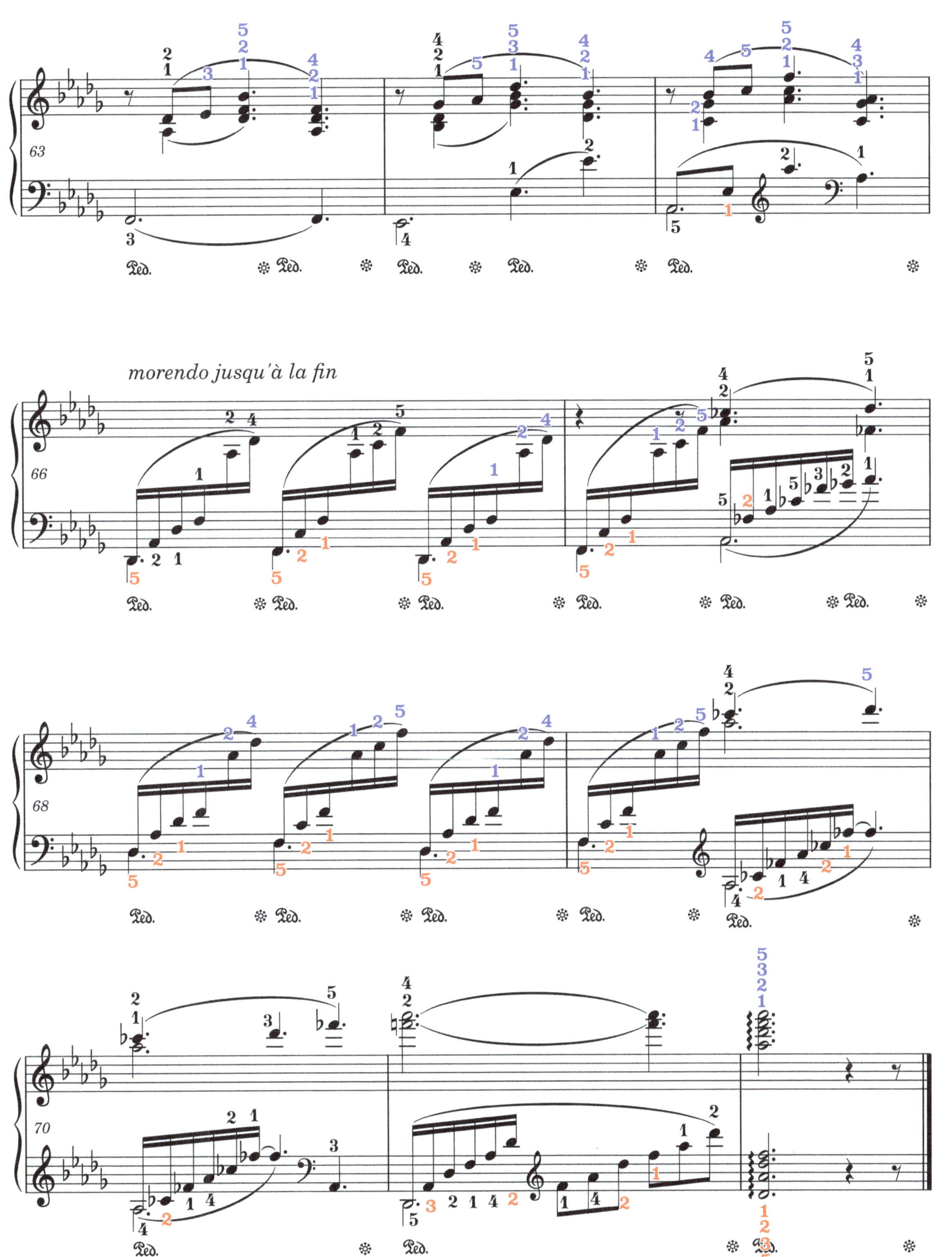
morendo jusqu'à la fin

Clair de Lune

from "Suite Bergamasque" L. 75
3rd Movement

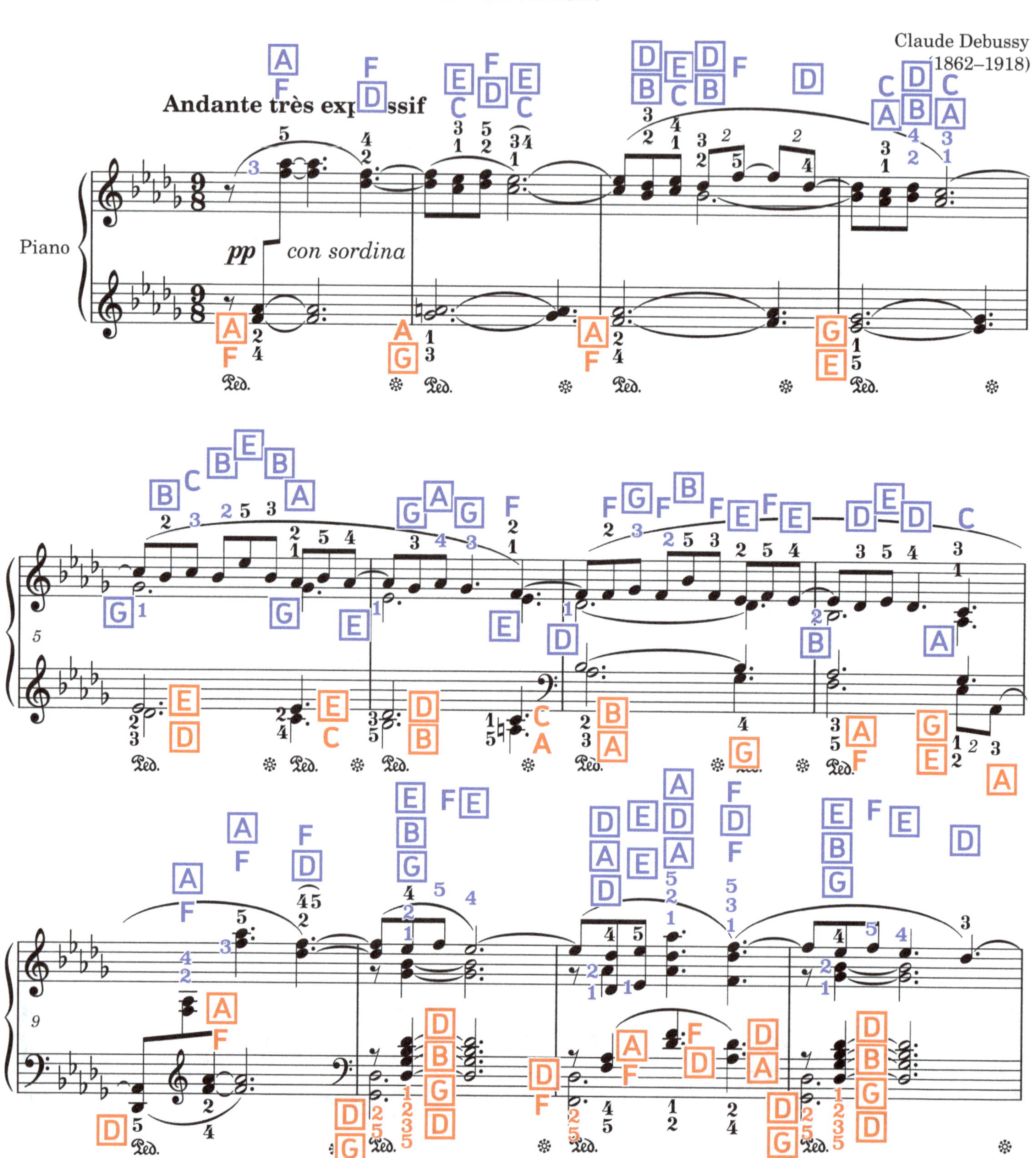

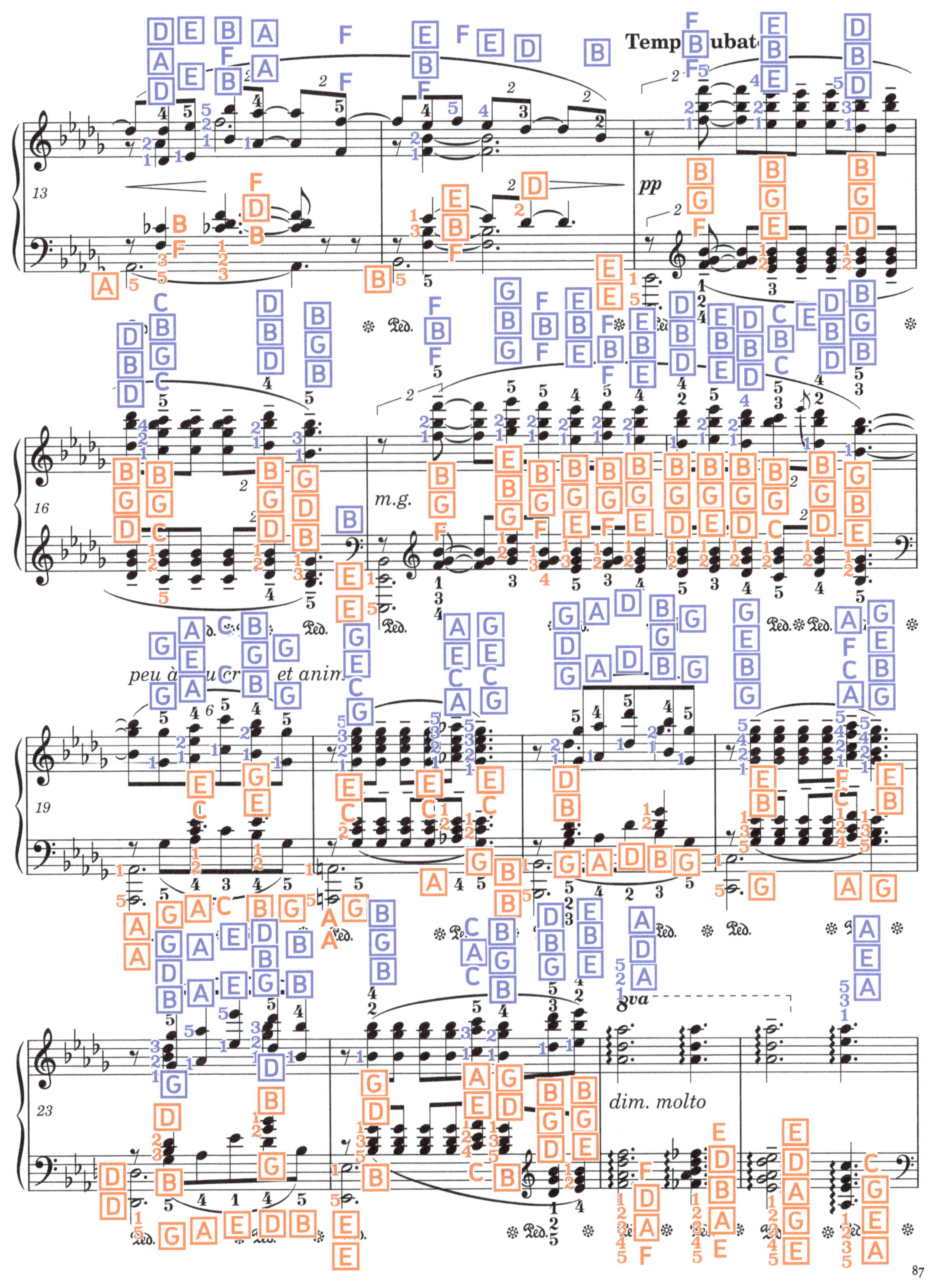

Tempo rubato
pp
m.g.
peu à peu cr. et anim.
dim. molto
8va
Ped.
87

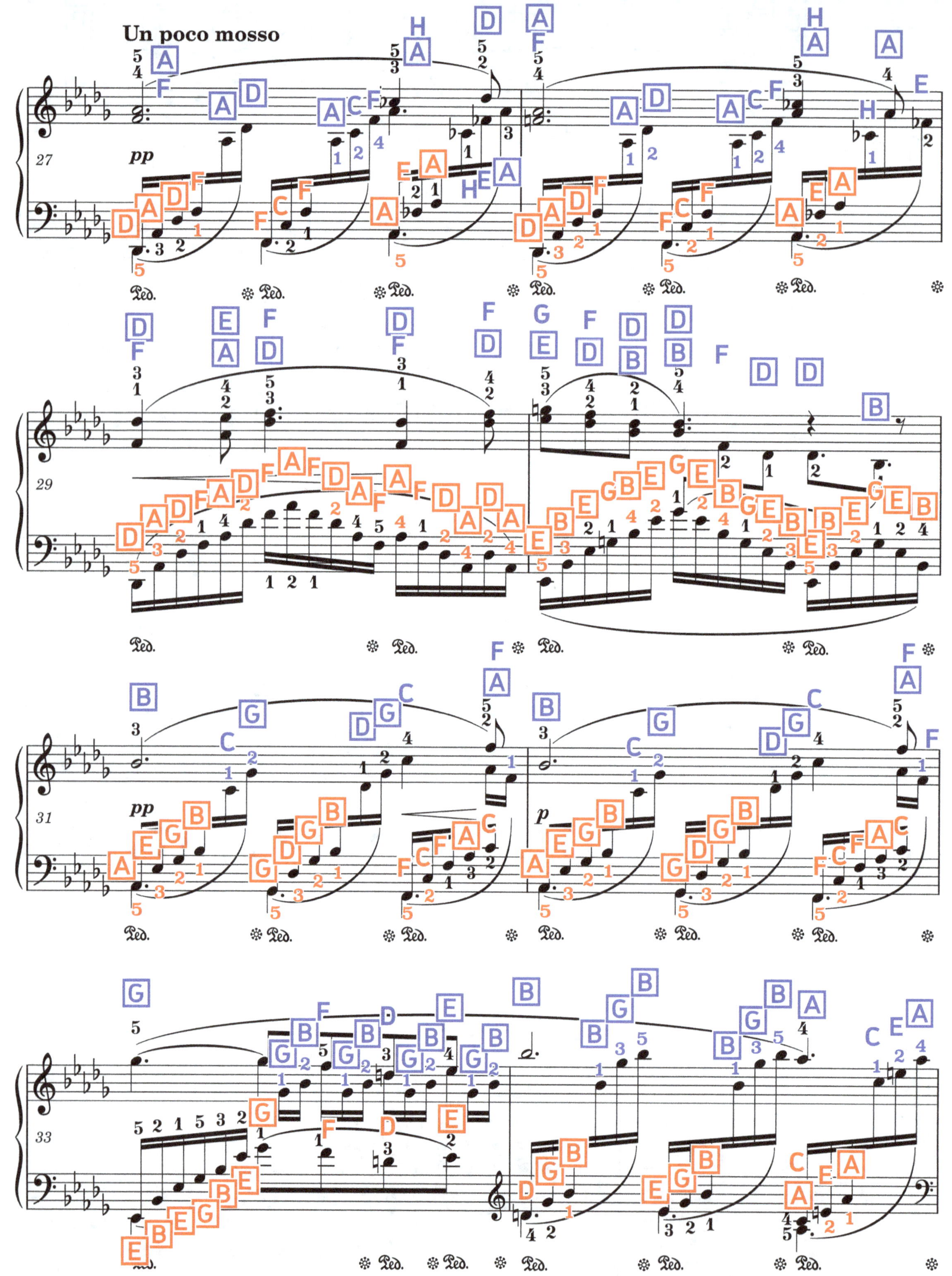
Un poco mosso
pp
pp
p
pp
88

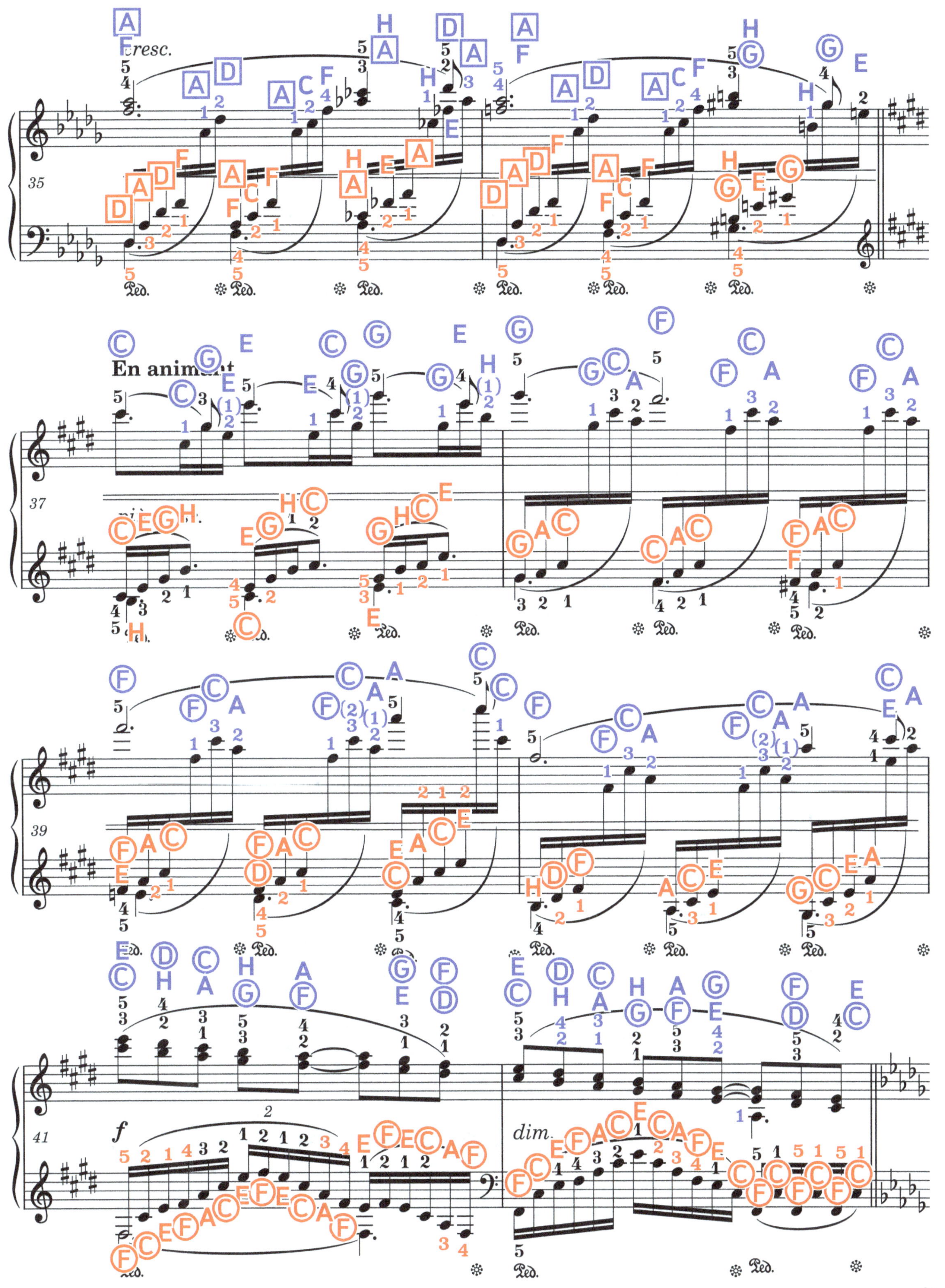

cresc.
En animant
f
dim.
89

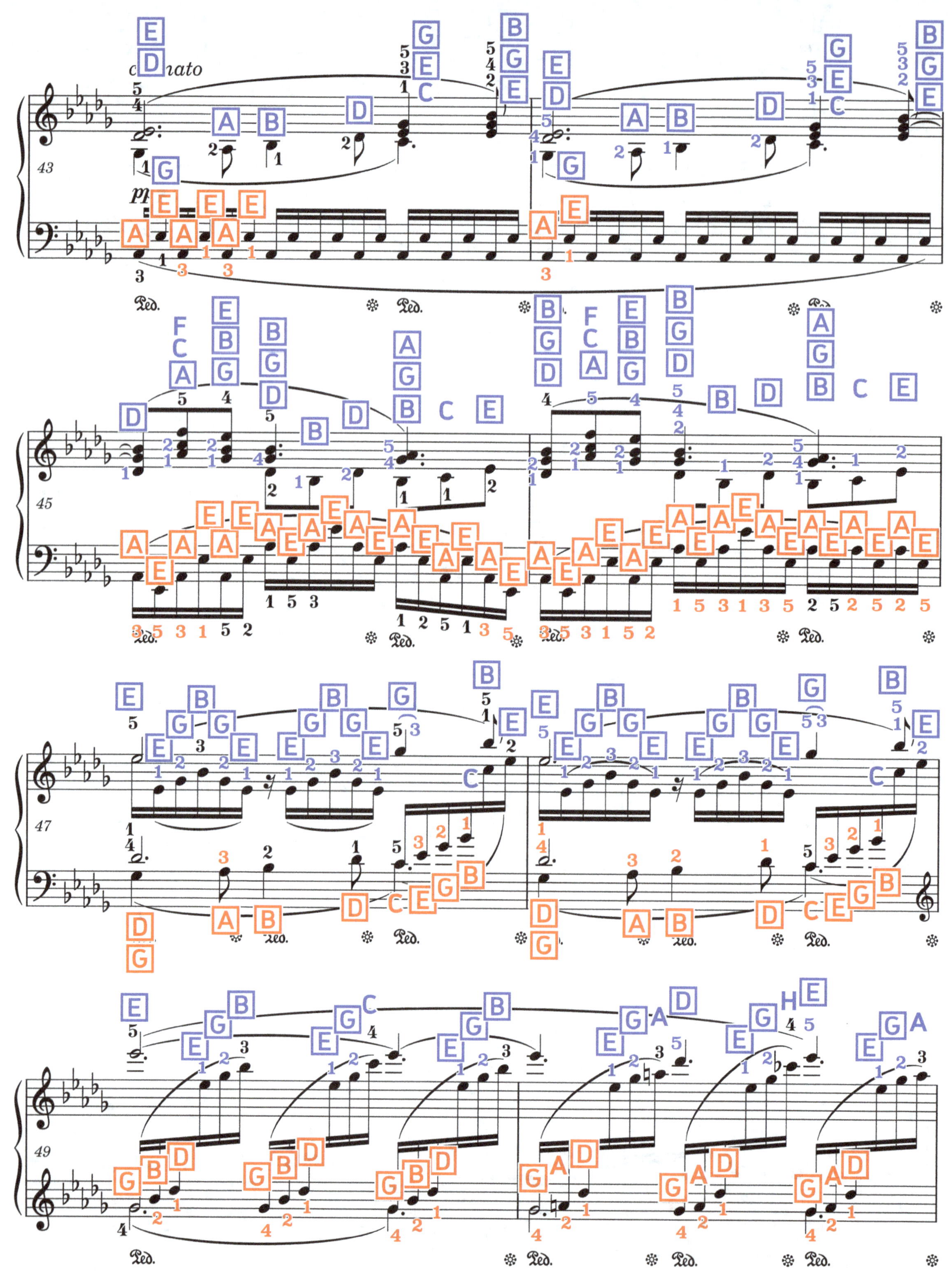

90

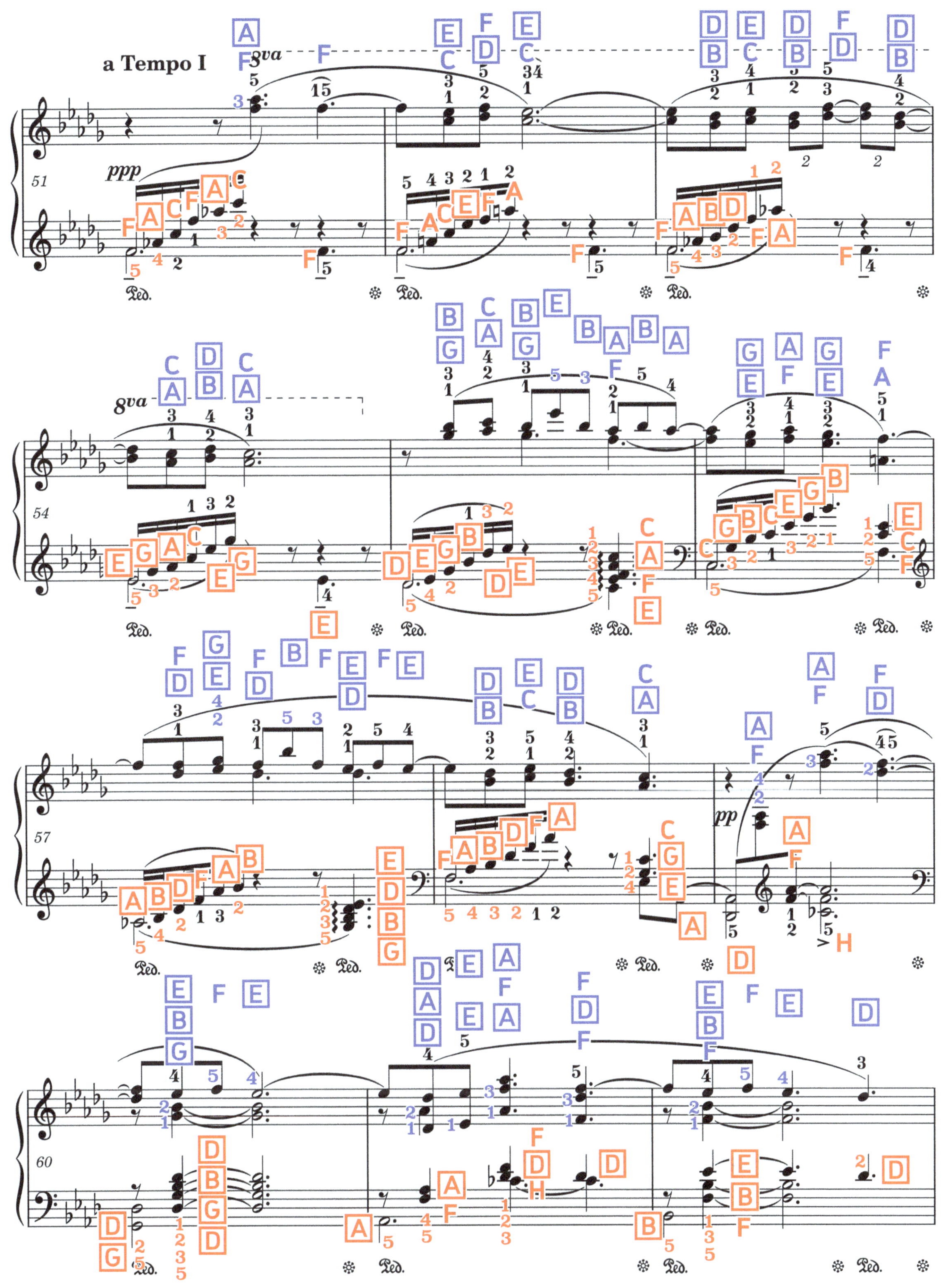

a Tempo I
8va
ppp
Ped.
Ped.
Ped.
8va
Ped.
Ped.
Ped.
Ped.
Ped.
pp
Ped.
Ped.
Ped.
Ped.
Ped.
Ped.
Ped.
91

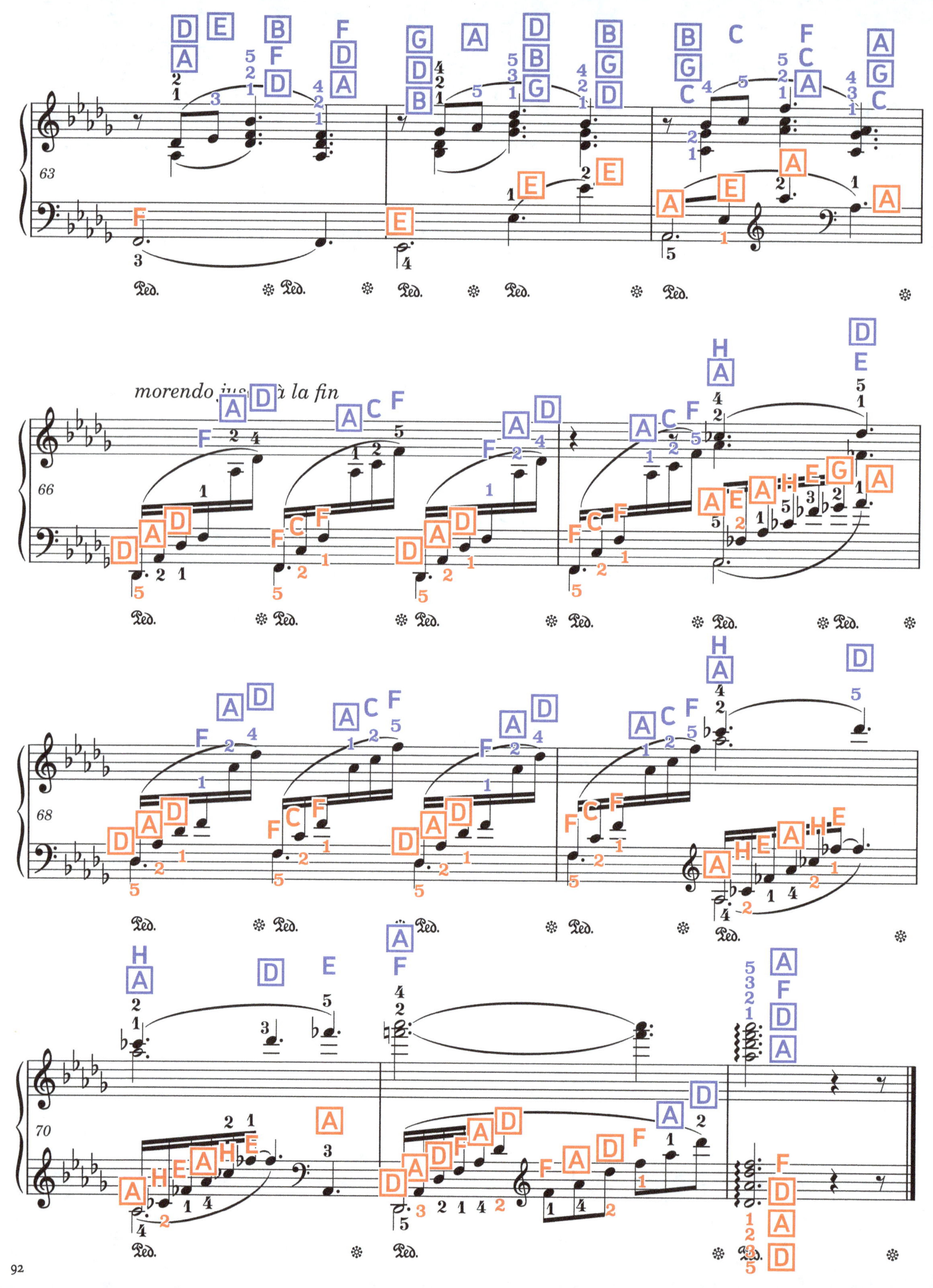

morendo jus... à la fin
63
66
68
70
92

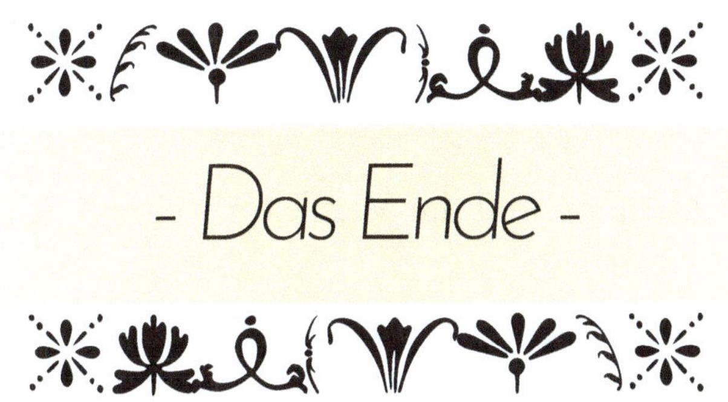
- Das Ende -

Herzlichen Glückwunsch!

Sie haben es bis zum Ende dieses Buches geschafft.

Denken Sie daran, es braucht einen Meister, um selbst „einfache" Musik wirklich schön zu spielen.

Wir hoffen, dass Sie mit Freude üben und die Musik verbreiten, die zwischen den Noten liegt.

Ich wünsche Ihnen viel Erfolg auf Ihrer musikalischen Reise.

Alles Gute.

Wenn Ihnen dieses Buch auf Ihrem Weg geholfen hat, hinterlassen Sie uns bitte eine Bewertung.

Für weitere Lieder - Noten - Bücher - Besuchen Sie:

www.HermannPress.com